TRANZLATY

La Langue est pour tout le Monde

A nyelv mindenkié

Le Manifeste Communiste

A Kommunista Kiáltvány

Karl Marx
&
Friedrich Engels

Français / Magyar

Published by Tranzlaty
ISBN: 978-1-80572-366-0
Original text by Karl Marx and Friedrich Engels
The Communist Manifesto
First published in 1848
www.tranzlaty.com

Introduction
Bevezetés

Un spectre hante l'Europe : le spectre du communisme

Egy kísértet kísérti Európát – a kommunizmus kísértete

Toutes les puissances de la vieille Europe ont conclu une sainte alliance pour exorciser ce spectre

A régi Európa minden hatalma szent szövetségre lépett, hogy kiűzze ezt a kísértetet

Le pape et le tsar, Metternich et Guizot, les radicaux français et les espions de la police allemande

Pápa és cár, Metternich és Guizot, francia radikálisok és német rendőrkémek

Où est le parti dans l'opposition qui n'a pas été décrié comme communiste par ses adversaires au pouvoir ?

Hol van az ellenzéki párt, amelyet hatalmon lévő ellenfelei nem bélyegeztek kommunistának?

Où est l'opposition qui n'a pas rejeté le reproche de marque du communisme contre les partis d'opposition les plus avancés ?

Hol van az az ellenzék, amely nem vetette vissza a kommunizmus gyalázatát a fejlettebb ellenzéki pártokkal szemben?

Et où est le parti qui n'a pas porté l'accusation contre ses adversaires réactionnaires ?

És hol van az a párt, amely nem vádolta reakciós ellenfeleit?

Deux choses résultent de ce fait

Ebből a tényből két dolog következik:

I. Le communisme est déjà reconnu par toutes les puissances européennes comme étant lui-même une puissance

I. A kommunizmust már minden európai hatalom hatalomnak ismeri el

II. Il est grand temps que les communistes publient ouvertement, à la face du monde entier, leurs vues, leurs buts et leurs tendances

II. Legfőbb ideje, hogy a kommunisták nyíltan, az egész világ előtt közzétegyék nézeteiket, céljaikat és tendenciáikat

ils doivent répondre à ce conte enfantin du spectre du
communisme par un manifeste du parti lui-même
a kommunizmus kísértetének ezt a bölcsődei meséjét magának
a pártnak a kiáltványával kell találkozniuk
À cette fin, des communistes de diverses nationalités se sont
réunis à Londres et ont esquissé le manifeste suivant
E célból különböző nemzetiségű kommunisták gyűltek össze
Londonban, és felvázolták a következő kiáltványt
ce manifeste sera publié en anglais, français, allemand,
italien, flamand et danois
ezt a kiáltványt angol, francia, német, olasz, flamand és dán
nyelven kell közzétenni
Et maintenant, il doit être publié dans toutes les langues
proposées par Tranzlaty
És most minden nyelven közzé kell tenni, amelyet a Tranzlaty
kínál

Les bourgeois et les prolétaires
Burzsoá és proletárok
L'histoire de toutes les sociétés qui ont existé jusqu'à présent est l'histoire des luttes de classes
Minden eddig létező társadalom története az osztályharcok története
Homme libre et esclave, patricien et plébéien, seigneur et serf, maître de guilde et compagnon
Szabad ember és rabszolga, patrícius és plebejus, úr és jobbágy, céhmester és vándor
en un mot, oppresseur et opprimé
Egyszóval, elnyomó és elnyomott
Ces classes sociales étaient en opposition constante les unes avec les autres
Ezek a társadalmi osztályok állandó ellentétben álltak egymással
Ils se sont battus sans interruption. Maintenant caché, maintenant ouvert
Megszakítás nélkül harcoltak. Most rejtve, most nyitva
un combat qui s'est terminé par une reconstitution révolutionnaire de la société dans son ensemble
egy harc, amely vagy a társadalom egészének forradalmi újraalkotmányozásával végződött
ou un combat qui s'est terminé par la ruine commune des classes en lutte
vagy egy harc, amely a versengő osztályok közös pusztulásával végződött
Jetons un coup d'œil aux époques antérieures de l'histoire
Tekintsünk vissza a történelem korábbi korszakaira
Nous trouvons presque partout un arrangement compliqué de la société en divers ordres
Szinte mindenütt a társadalom bonyolult elrendezését találjuk különböző rendekbe
Il y a toujours eu une gradation multiple du rang social
a társadalmi rang mindig is sokrétű fokozatban különbözött

Dans la Rome antique, nous avons des patriciens, des chevaliers, des plébéiens, des esclaves
Az ókori Rómában patríciusok, lovagok, plebejusok, rabszolgák vannak
au Moyen Âge : seigneurs féodaux, vassaux, maîtres de corporation, compagnons, apprentis, serfs
a középkorban: feudális urak, vazallusok, céhmesterek, vándorok, tanoncok, jobbágyok
Dans presque toutes ces classes, encore une fois, les gradations subordonnées
Szinte mindegyik osztályban ismét alárendelt fokozatok
La société bourgeoise moderne est née des ruines de la société féodale
A modern burzsoázia társadalma a feudális társadalom romjaiból nőtt ki
Mais ce nouvel ordre social n'a pas fait disparaître les antagonismes de classe
De ez az új társadalmi rend nem szüntette meg az osztályellentéteket
Elle n'a fait qu'établir de nouvelles classes et de nouvelles conditions d'oppression
Csak új osztályokat és az elnyomás új feltételeit hozta létre
Il a mis en place de nouvelles formes de lutte à la place des anciennes
a harc új formáit hozta létre a régiek helyett
Cependant, l'époque dans laquelle nous nous trouvons possède un trait distinctif
A kornak azonban, amelyben vagyunk, van egy megkülönböztető jegye
l'époque de la bourgeoisie a simplifié les antagonismes de classe
a burzsoázia korszaka egyszerűsítette az osztályellentéteket
La société dans son ensemble se divise de plus en plus en deux grands camps hostiles
A társadalom egésze egyre inkább két nagy ellenséges táborra szakad

deux grandes classes sociales qui se font directement face : la
bourgeoisie et le prolétariat
két nagy társadalmi osztály áll egymással szemben: a
burzsoázia és a proletariátus
Des serfs du Moyen Âge sont sortis les bourgeois agréés des
premières villes
A középkor jobbágyaiból származtak a legkorábbi városok
okleveles polgárai
C'est à partir de ces bourgeois que se sont développés les
premiers éléments de la bourgeoisie
Ezekből a burgessekből fejlesztették ki a burzsoázia első
elemeit
La découverte de l'Amérique et le contournement du Cap
Amerika felfedezése és a Cape kerekítése
ces événements ont ouvert un nouveau terrain à la
bourgeoisie montante
ezek az események új utat nyitottak a felemelkedő burzsoázia
számára
Les marchés des Indes orientales et de la Chine, la
colonisation de l'Amérique, le commerce avec les colonies
A kelet-indiai és kínai piacok, Amerika gyarmatosítása,
kereskedelem a gyarmatokkal
l'augmentation des moyens d'échange et des marchandises
en général
a csereeszközök és általában az áruk növekedése
Ces événements donnèrent au commerce, à la navigation et à
l'industrie une impulsion jamais connue jusque-là
Ezek az események korábban soha nem látott lendületet adtak
a kereskedelemnek, a hajózásnak és az iparnak
Elle a donné un développement rapide à l'élément
révolutionnaire dans la société féodale chancelante
Gyors fejlődést adott a forradalmi elemnek az ingadozó
feudális társadalomban
Les guildes fermées avaient monopolisé le système féodal de
la production industrielle

A zárt céhek monopolizálták az ipari termelés feudális
rendszerét
**Mais cela ne suffisait plus aux besoins croissants des
nouveaux marchés**
De ez már nem volt elegendő az új piacok növekvő igényeihez
**Le système manufacturier a pris la place du système féodal
de l'industrie**
A gyártási rendszer az ipar feudális rendszerének helyébe
lépett
**Les maîtres de guilde étaient poussés d'un côté par la classe
moyenne manufacturière**
A céhmestereket a gyáros középosztály taszította félre
**La division du travail entre les différentes corporations a
disparu**
A különböző vállalati céhek közötti munkamegosztás eltűnt
La division du travail s'infiltrait dans chaque atelier
A munkamegosztás minden egyes műhelybe behatolt
**Pendant ce temps, les marchés ne cessaient de croître et la
demande ne cessait d'augmenter**
Eközben a piacok folyamatosan növekedtek, és a kereslet
egyre nőtt
**Même les usines ne suffisaient plus à répondre à la
demande**
Már a gyárak sem voltak elegendőek az igények kielégítésére
**À partir de là, la vapeur et les machines ont révolutionné la
production industrielle**
Ezt követően a gőz és a gépek forradalmasították az ipari
termelést
**La place de fabrication a été prise par le géant de l'industrie
moderne**
A gyártás helyét az óriás, a Modern Ipar vette át
**La place de la classe moyenne industrielle a été prise par des
millionnaires industriels**
Az ipari középosztály helyét ipari milliomosok vették át
**la place de chefs d'armées industrielles entières ont été
prises par la bourgeoisie moderne**

az egész ipari hadsereg vezetőinek helyét a modern
burzsoázia vette át
**la découverte de l'Amérique a ouvert la voie à l'industrie
moderne pour établir le marché mondial**
Amerika felfedezése kikövezte az utat a modern ipar számára
a világpiac létrehozásához
**Ce marché donna un immense développement au commerce,
à la navigation et aux communications par terre**
E piac óriási fejlődést hozott a kereskedelem, a hajózás és a
szárazföldi közlekedés számára
**Cette évolution a, en son temps, réagi à l'extension de
l'industrie**
Ez a fejlemény a maga idejében reagált az ipar terjeszkedésére
**elle a réagi proportionnellement à l'expansion de l'industrie
et à l'extension du commerce, de la navigation et des
chemins de fer**
Arányosan reagált arra, ahogyan az ipar bővült, és ahogyan a
kereskedelem, a hajózás és a vasút bővült
**dans la même proportion que la bourgeoisie s'est
développée, elle a augmenté son capital**
ugyanolyan arányban, ahogy a burzsoázia fejlődött, növelték
tőkéjüket
**et la bourgeoisie a relégué à l'arrière-plan toutes les classes
héritées du Moyen Âge**
és a burzsoázia háttérbe szorított minden osztályt, amelyet a
középkortól örököltek
**c'est pourquoi la bourgeoisie moderne est elle-même le
produit d'un long développement**
ezért a modern burzsoázia maga is hosszú fejlődés terméke
**On voit qu'il s'agit d'une série de révolutions dans les
modes de production et d'échange**
Látjuk, hogy ez a termelési és cseremódok forradalmainak
sorozata
**Chaque étape du développement de la bourgeoisie
s'accompagnait d'une avancée politique correspondante**

A burzsoázia minden fejlődési lépését megfelelő politikai
előrelépés kísérte
Une classe opprimée sous l'emprise de la noblesse féodale
Egy elnyomott osztály a feudális nemesség uralma alatt
Une association armée et autonome dans la commune
médiévale
Fegyveres és önkormányzattal rendelkező egyesület a
középkori kommünben
ici, une république urbaine indépendante (comme en Italie
et en Allemagne)
itt egy független városi köztársaság (mint Olaszországban és
Németországban)
là, un « tiers état » imposable de la monarchie (comme en
France)
ott a monarchia adóköteles "harmadik birtoka" (mint
Franciaországban)
par la suite, dans la période de fabrication proprement dite
ezt követően a tulajdonképpeni gyártási időszakban
la bourgeoisie servait soit la monarchie semi-féodale, soit la
monarchie absolue
a burzsoázia vagy a félfeudális, vagy az abszolút monarchiát
szolgálta
ou bien la bourgeoisie faisait contrepoids à la noblesse
vagy a burzsoázia ellenpólusként lépett fel a nemesség ellen
et, en fait, la bourgeoisie était une pierre angulaire des
grandes monarchies en général
és valójában a burzsoázia általában a nagy monarchiák
sarokköve volt
mais l'industrie moderne et le marché mondial se sont
établis depuis lors
de a modern ipar és a világpiac azóta megvetette a lábát
et la bourgeoisie s'est emparée de l'emprise politique
exclusive
és a burzsoázia kizárólagos politikai befolyást szerzett
magának

elle a obtenu cette influence politique à travers l'État représentatif moderne
ezt a politikai befolyást a modern képviseleti államon keresztül érte el
Les exécutifs de l'État moderne ne sont qu'un comité de gestion
A modern állam végrehajtói nem mások, mint egy intézőbizottság
et ils gèrent les affaires communes de toute la bourgeoisie
és ők intézik az egész burzsoázia közös ügyeit
La bourgeoisie, historiquement, a joué un rôle des plus révolutionnaires
A burzsoázia történelmileg a legforradalmibb szerepet játszotta
Partout où elle a pris le dessus, elle a mis fin à toutes les relations féodales, patriarcales et idylliques
Ahol felülkerekedett, véget vetett minden feudális, patriarchális és idilli kapcsolatnak
Elle a impitoyablement déchiré les liens féodaux hétéroclites qui liaient l'homme à ses « supérieurs naturels »
Könyörtelenül széttépte azokat a tarka feudális kötelékeket, amelyek az embert "természetes feletteseihez" kötötték
et il n'y a plus de lien entre l'homme et l'homme, si ce n'est l'intérêt personnel
és nem maradt más kapcsolat ember és ember között, mint a meztelen önérdek
Les relations de l'homme entre eux ne sont plus qu'un « paiement en espèces » impitoyable
Az ember egymáshoz való viszonya nem más, mint érzéketlen "készpénzfizetés"
Elle a noyé les extases les plus célestes de la ferveur religieuse
Elfojtotta a vallásos buzgalom legmennyeibb extázisát
elle a noyé l'enthousiasme chevaleresque et le sentimentalisme philistin

Elfojtotta a lovagias lelkesedést és a filiszteus
szentimentalizmust
Il a noyé ces choses dans l'eau glacée du calcul égoïste
Ezeket a dolgokat az egoista számítás jeges vizébe fojtotta
Il a transformé la valeur personnelle en valeur échangeable
A személyes értéket cserélhető értékké oldotta fel
**elle a remplacé les innombrables et inaliénables libertés
garanties par la Charte**
felváltotta a számtalan és elidegeníthetetlen chartert
szabadságot
**et il a mis en place une liberté unique et inadmissible ;
Libre-échange**
és létrehozott egy egységes, lelkiismeretlen szabadságot;
Szabadkereskedelem
En un mot, il l'a fait pour l'exploitation
Egyszóval ezt kizsákmányolás céljából tette
**Une exploitation voilée par des illusions religieuses et
politiques**
vallási és politikai illúziókkal leplezett kizsákmányolás
**l'exploitation voilée par une exploitation nue, éhontée,
directe, brutale**
A meztelen, szégyentelen, közvetlen, brutális
kizsákmányolással leplezett kizsákmányolás
**la bourgeoisie a enlevé l'auréole de toutes les occupations
jusque-là honorées et vénérées**
a burzsoázia lehántotta a glóriát minden korábban tisztelt és
tisztelt foglalkozásról
le médecin, l'avocat, le prêtre, le poète et l'homme de science
Az orvos, az ügyvéd, a pap, a költő és a tudomány embere
**Il a converti ces travailleurs distingués en ses travailleurs
salariés**
Ezeket a kiváló munkásokat fizetett bérmunkásaivá változtatta
La bourgeoisie a déchiré le voile sentimental de la famille
A burzsoázia letépte a szentimentális fátylat a családról
**et elle a réduit la relation familiale à une simple relation
d'argent**

és a családi kapcsolatot puszta pénzbeli viszonyra redukálta
la brutale démonstration de vigueur au Moyen Âge que les réactionnaires admirent tant
a középkori életerő brutális megnyilvánulása, amelyet a reakciósok annyira csodálnak
Même cela a trouvé son complément approprié dans l'indolence la plus paresseuse
Még ez is megtalálta a megfelelő kiegészítőjét a leglustább lustaságban
La bourgeoisie a révélé comment tout cela s'est passé
A burzsoázia nyilvánosságra hozta, hogyan történt mindez
La bourgeoisie a été la première à montrer ce que l'activité de l'homme peut produire
A burzsoázia volt az első, aki megmutatta, mit hozhat az ember tevékenysége
Il a accompli des merveilles surpassant de loin les pyramides égyptiennes, les aqueducs romains et les cathédrales gothiques
Olyan csodákat vitt véghez, amelyek messze meghaladják az egyiptomi piramisokat, a római vízvezetékeket és a gótikus katedrálisokat
et il a mené des expéditions qui ont mis dans l'ombre tous les anciens Exodes des nations et les croisades
és olyan expedíciókat vezetett, amelyek árnyékba helyezték a nemzetek és keresztes hadjáratok minden korábbi exodusát
La bourgeoisie ne peut exister sans révolutionner sans cesse les instruments de production
A burzsoázia nem létezhet anélkül, hogy folyamatosan forradalmasítaná a termelési eszközöket
et par conséquent elle ne peut exister sans ses rapports à la production
és ezért nem létezhet a termeléshez való viszonya nélkül
et donc elle ne peut exister sans ses relations avec la société
és ezért nem létezhet a társadalomhoz való viszonya nélkül
Toutes les classes industrielles antérieures avaient une condition en commun

Minden korábbi ipari osztálynak volt egy közös feltétele
Ils s'appuyaient sur la conservation des anciens modes de production
a régi termelési módok megőrzésére támaszkodtak
mais la bourgeoisie a apporté avec elle une dynamique tout à fait nouvelle
de a burzsoázia teljesen új dinamikát hozott magával
Révolution constante de la production et perturbation ininterrompue de toutes les conditions sociales
A termelés folyamatos forradalmasítása és minden társadalmi feltétel megszakítás nélküli megzavarása
cette incertitude et cette agitation perpétuelles distinguent l'époque bourgeoise de toutes les époques antérieures
ez az örök bizonytalanság és nyugtalanság különbözteti meg a burzsoázia korszakát minden korábbitól
Les relations antérieures avec la production s'accompagnaient de préjugés et d'opinions anciens et vénérables
A termeléssel való korábbi kapcsolatok ősi és tiszteletreméltó előítéletekkel és véleményekkel jártak
Mais toutes ces relations figées et figées sont balayées d'un revers de main
De mindezeket a rögzült, gyorsan befagyott kapcsolatokat elsöprik
Toutes les relations nouvellement formées deviennent archaïques avant de pouvoir s'ossifier
Minden újonnan kialakult kapcsolat elavulttá válik, mielőtt megcsontosodhatna
Tout ce qui est solide se fond dans l'air, et tout ce qui est saint est profané
Minden, ami szilárd, levegővé olvad, és minden, ami szent, megszentségtelenedik
L'homme est enfin forcé de faire face, avec des sens sobres, à ses conditions réelles de vie
Az ember végre kénytelen józan érzékekkel szembenézni valódi életfeltételeivel

et il est obligé de faire face à ses relations avec les siens
és kénytelen szembenézni a fajtájával való kapcsolatával
La bourgeoisie a constamment besoin d'élargir ses marchés pour ses produits
A burzsoáziának állandóan bővítenie kell termékei piacát
et, à cause de cela, la bourgeoisie est poursuivie sur toute la surface du globe
és emiatt a burzsoáziát a világ egész felületén üldözik
La bourgeoisie doit se nicher partout, s'installer partout, établir des liens partout
A burzsoáziának mindenütt fészket kell vetnie, mindenütt le kell telepednie, mindenütt kapcsolatokat kell létesítenie
La bourgeoisie doit créer des marchés dans tous les coins du monde pour exploiter
A burzsoáziának piacokat kell teremtenie a világ minden sarkában, hogy kizsákmányolja
La production et la consommation dans tous les pays ont reçu un caractère cosmopolite
A termelés és a fogyasztás minden országban kozmopolita jelleget kapott
le chagrin des réactionnaires est palpable, mais il s'est poursuivi malgré tout
a reakciósok bosszúsága tapintható, de ettől függetlenül folytatódott
La bourgeoisie a tiré de dessous les pieds de l'industrie le terrain national sur lequel elle se trouvait
A burzsoázia az ipar lábai alól húzta ki azt a nemzeti talajt, amelyen állt
Toutes les anciennes industries nationales ont été détruites, ou sont détruites chaque jour
Minden régi nemzeti ipar megsemmisült, vagy naponta megsemmisül
Toutes les anciennes industries nationales sont délogées par de nouvelles industries
Az összes régi nemzeti iparágat új iparágak váltják fel

Leur introduction devient une question de vie ou de mort pour toutes les nations civilisées
Bevezetésük élet-halál kérdéssé válik minden civilizált nemzet számára
Ils sont délogés par les industries qui ne travaillent plus la matière première indigène
Olyan iparágak szorítják ki őket, amelyek már nem dolgoznak fel hazai nyersanyagot
Au lieu de cela, ces industries extraient des matières premières des zones les plus reculées
Ehelyett ezek az iparágak a legtávolabbi zónákból nyerik ki a nyersanyagokat
dont les produits sont consommés, non seulement chez nous, mais dans tous les coins du monde
iparágak, amelyek termékeit nemcsak otthon, hanem a világ minden negyedében fogyasztják
À la place des anciens besoins, satisfaits par les productions du pays, nous trouvons de nouveaux besoins
A régi szükségletek helyett, amelyeket az ország termékei elégítenek ki, új igényeket találunk
Ces nouveaux besoins exigent pour leur satisfaction les produits des pays et des climats lointains
Ezek az új igények kielégítésükhöz távoli vidékek és éghajlatok termékeit igénylik
À la place de l'ancien isolement et de l'autosuffisance locaux et nationaux, nous avons le commerce
A régi helyi és nemzeti elzárkózás és önellátás helyett kereskedelem van
les échanges internationaux dans toutes les directions ; l'interdépendance universelle des nations
nemzetközi csere minden irányban; A nemzetek egyetemes kölcsönös függősége
Et de même que nous sommes dépendants des matériaux, nous sommes dépendants de la production intellectuelle
És ahogy függünk az anyagoktól, ugyanúgy függünk a szellemi termeléstől

Les créations intellectuelles des nations individuelles deviennent la propriété commune

Az egyes nemzetek szellemi alkotásai közös tulajdonná válnak

L'unilatéralité nationale et l'étroitesse d'esprit deviennent de plus en plus impossibles

A nemzeti egyoldalúság és szűklátókörűség egyre lehetetlenebbé válik

et des nombreuses littératures nationales et locales, surgit une littérature mondiale

És a számos nemzeti és helyi irodalomból világirodalom születik

par l'amélioration rapide de tous les instruments de production

az összes termelési eszköz gyors fejlesztésével

par les moyens de communication immensément facilités

a rendkívül megkönnyített kommunikációs eszközökkel

La bourgeoisie entraîne tout le monde (même les nations les plus barbares) dans la civilisation

A burzsoázia mindenkit (még a legbarbárabb nemzeteket is) bevon a civilizációba

Les prix bon marché de ses marchandises ; l'artillerie lourde qui abat toutes les murailles chinoises

Áruinak olcsó árai; a nehéztüzérség, amely minden kínai falat lerombol

La haine obstinée des barbares contre les étrangers est forcée de capituler

A barbárok idegenekkel szembeni makacs gyűlölete kapitulációra kényszerül

Elle oblige toutes les nations, sous peine d'extinction, à adopter le mode de production bourgeois

Minden nemzetet arra kényszerít, hogy a kihalás terhe mellett átvegye a burzsoázia termelési módját

elle les oblige à introduire ce qu'elle appelle la civilisation en leur sein

Arra kényszeríti őket, hogy bevezessék közéjük azt, amit civilizációnak neveznek

La bourgeoisie force les barbares à devenir eux-mêmes bourgeois
A burzsoázia arra kényszeríti a barbárokat, hogy maguk is burzsoáziává váljanak
en un mot, la bourgeoisie crée un monde à son image
egyszóval a burzsoázia saját képe után teremt világot
La bourgeoisie a soumis les campagnes à la domination des villes
A burzsoázia a vidéket a városok uralma alá vetette
Il a créé d'énormes villes et considérablement augmenté la population urbaine
Hatalmas városokat hozott létre, és jelentősen megnövelte a városi lakosságot
Il a sauvé une partie considérable de la population de l'idiotie de la vie rurale
A lakosság jelentős részét megmentette a vidéki élet idiotizmusától
mais elle a rendu les ruraux dépendants des villes
de a vidékieket a városoktól tette függővé
et de même, elle a rendu les pays barbares dépendants des pays civilisés
És hasonlóképpen függővé tette a barbár országokat a civilizáltaktól
nations paysannes sur nations bourgeoises, l'Orient sur Occident
paraszti nemzetek a burzsoázia nemzetein, Kelet Nyugaton
La bourgeoisie se débarrasse de plus en plus de l'éparpillement de la population
A burzsoázia egyre inkább felszámolja a lakosság szétszórt állapotát
Il a une production agglomérée et a concentré la propriété entre quelques mains
Tömörítette a termelést, és néhány kézben koncentrálta a tulajdont
La conséquence nécessaire de cela a été la centralisation politique

Ennek szükségszerű következménye a politikai centralizáció
volt

**Il y avait eu des nations indépendantes et des provinces
vaguement reliées entre elles**

Voltak független nemzetek és lazán összekapcsolt
tartományok

**Ils avaient des intérêts, des lois, des gouvernements et des
systèmes d'imposition distincts**

Külön érdekeik, törvényeik, kormányaik és adórendszereik
voltak

**Mais ils ont été regroupés en une seule nation, avec un seul
gouvernement**

De egy kalap alá kerültek, egy kormánnyal

**Ils ont maintenant un intérêt de classe national, une
frontière et un tarif douanier**

Most egy nemzeti osztályérdekük, egy határuk és egy
vámtarifájuk van

**Et cet intérêt de classe national est unifié sous un seul code
de loi**

És ez a nemzeti osztályérdek egyetlen törvénykönyvben
egyesül

**la bourgeoisie a accompli beaucoup de choses au cours de
son règne d'à peine cent ans**

a burzsoázia sok mindent elért alig száz éves uralma alatt

**forces productives plus massives et plus colossales que
toutes les générations précédentes réunies**

masszívabb és kolosszálisabb termelőerők, mint az összes
korábbi generáció együttvéve;

**Les forces de la nature sont soumises à la volonté de
l'homme et de ses machines**

A természet erői alá vannak rendelve az ember és gépezete
akaratának

**La chimie s'applique à toutes les formes d'industrie et à tous
les types d'agriculture**

A kémia az ipar minden formájára és a mezőgazdaság
típusára vonatkozik

la navigation à vapeur, les chemins de fer, les télégraphes
électriques et l'imprimerie
gőzhajózás, vasút, elektromos távíró és nyomda
défrichement de continents entiers pour la culture,
canalisation des rivières
egész kontinensek művelés céljából történő megtisztítása,
folyók csatornázása
Des populations entières ont été extirpées du sol et mises au
travail
Egész populációkat varázsoltak elő a földből és dolgoztattak
Quel siècle précédent avait ne serait-ce qu'un pressentiment
de ce qui pourrait être déchaîné ?
Melyik korábbi századnak volt egyáltalán elképzelése arról,
hogy mit lehet szabadjára engedni?
Qui aurait prédit que de telles forces productives
sommeillaient dans le giron du travail social ?
Ki jósolta meg, hogy ilyen termelőerők szunnyadnak a
szociális munka ölében?
Nous voyons donc que les moyens de production et
d'échange ont été générés dans la société féodale
Látjuk tehát, hogy a termelő- és csereeszközök a feudális
társadalomban keletkeztek
les moyens de production sur la base desquels la
bourgeoisie s'est construite
a termelőeszközök, amelyek alapjára a burzsoázia felépítette
magát
À un certain stade du développement de ces moyens de
production et d'échange
E termelőeszközök és csereeszközök fejlődésének egy
bizonyos szakaszában
les conditions dans lesquelles la société féodale produisait et
échangeait
a feudális társadalom termelésének és cseréjének feltételei
L'organisation féodale de l'agriculture et de l'industrie
manufacturière
Feudális Mezőgazdasági és Gyáripari Szervezet;

Les rapports féodaux de propriété n'étaient plus compatibles avec les conditions matérielles
A feudális tulajdonviszonyok már nem voltak összeegyeztethetők az anyagi viszonyokkal
Ils devaient être brisés, alors ils ont été brisés
Szét kellett őket robbantani, tehát szét kellett robbantani őket
À leur place s'est ajoutée la libre concurrence des forces productives
Helyükre lépett a termelőerők szabad versenye
et ils étaient accompagnés d'une constitution sociale et politique adaptée à celle-ci
és ehhez igazított társadalmi és politikai alkotmány kísérte őket
et elle s'accompagnait de l'emprise économique et politique de la classe bourgeoise
és ezt a burzsoázia osztály gazdasági és politikai befolyása kísérte
Un mouvement similaire est en train de se produire sous nos yeux
Hasonló mozgalom zajlik a saját szemünk előtt
La société bourgeoise moderne avec ses rapports de production, d'échange et de propriété
A modern burzsoázia társadalma a maga termelési, csere- és tulajdonviszonyaival
une société qui a inventé des moyens de production et d'échange aussi gigantesques
egy olyan társadalom, amely ilyen gigantikus termelési és csereeszközöket varázsolt elő
C'est comme le sorcier qui a invoqué les puissances de l'au-delà
Olyan ez, mint a varázsló, aki előhívta az alvilág erőit
Mais il n'est plus capable de contrôler ce qu'il a mis au monde
De már nem képes irányítani azt, amit a világra hozott
Pendant de nombreuses décennies, l'histoire a été liée par un fil conducteur

Sok évtizeden át a történelmet egy közös szál kötötte össze
L'histoire de l'industrie et du commerce n'a été que l'histoire des révoltes
Az ipar és a kereskedelem története nem más, mint a lázadások története
Les révoltes des forces productives modernes contre les conditions modernes de production
a modern termelőerők lázadásai a modern termelési feltételek ellen
Les révoltes des forces productives modernes contre les rapports de propriété
a modern termelőerők lázadásai a tulajdonviszonyok ellen
ces rapports de propriété sont les conditions de l'existence de la bourgeoisie
ezek a tulajdonviszonyok a burzsoázia létének feltételei
et l'existence de la bourgeoisie détermine les règles des rapports de propriété
és a burzsoázia létezése határozza meg a tulajdonviszonyok szabályait
Il suffit de mentionner le retour périodique des crises commerciales
Elég megemlíteni a kereskedelmi válságok időszakos visszatérését
chaque crise commerciale est plus menaçante pour la société bourgeoise que la précédente
minden kereskedelmi válság fenyegetőbb a burzsoázia társadalmára, mint az előző
Dans ces crises, une grande partie des produits existants sont détruits
Ezekben a válságokban a meglévő termékek nagy része megsemmisül
Mais ces crises détruisent aussi les forces productives créées précédemment
De ezek a válságok elpusztítják a korábban létrehozott termelőerőket is

Dans toutes les époques antérieures, ces épidémies auraient semblé une absurdité
Minden korábbi korszakban ezek a járványok abszurditásnak tűntek volna

parce que ces épidémies sont les crises commerciales de la surproduction
mert ezek a járványok a túltermelés kereskedelmi válságai

La société se trouve soudain remise dans un état de barbarie momentanée
A társadalom hirtelen visszakerül a pillanatnyi barbárság állapotába

comme si une guerre universelle de dévastation avait coupé tous les moyens de subsistance
mintha egy egyetemes pusztító háború elvágta volna a létfenntartás minden eszközét

l'industrie et le commerce semblent avoir été détruits ; Et pourquoi ?
úgy tűnik, hogy az ipar és a kereskedelem megsemmisült; És miért?

Parce qu'il y a trop de civilisation et de moyens de subsistance
Mert túl sok a civilizáció és a létfenntartáshoz szükséges eszközök

et parce qu'il y a trop d'industrie et trop de commerce
és mert túl sok az ipar és túl sok a kereskedelem

Les forces productives à la disposition de la société ne développent plus la propriété bourgeoise
A társadalom rendelkezésére álló termelőerők már nem fejlesztik a burzsoázia tulajdonát

au contraire, ils sont devenus trop puissants pour ces conditions, par lesquelles ils sont enchaînés
Éppen ellenkezőleg, túl erőssé váltak ezekhez a feltételekhez, amelyek megbéklyózzák őket

dès qu'ils surmontent ces entraves, ils mettent le désordre dans toute la société bourgeoise

mihelyt legyőzik ezeket a béklyókat, zűrzavart hoznak az egész burzsoázia társadalmába

et les forces productives mettent en danger l'existence de la propriété bourgeoise

és a termelőerők veszélyeztetik a burzsoázia tulajdonának létét

Les conditions de la société bourgeoise sont trop étroites pour englober les richesses qu'elles créent

A burzsoázia társadalmának feltételei túl szűkek ahhoz, hogy magukban foglalják az általuk létrehozott gazdagságot

Et comment la bourgeoisie surmonte-t-elle ces crises ?

És hogyan jut túl a burzsoázia ezeken a válságokon?

D'une part, elle surmonte ces crises par la destruction forcée d'une masse de forces productives

Egyrészt a termelőerők tömegének erőszakos megsemmisítésével győzi le ezeket a válságokat

D'autre part, elle surmonte ces crises par la conquête de nouveaux marchés

Másrészt új piacok meghódításával küzdi le ezeket a válságokat

et elle surmonte ces crises par l'exploitation plus poussée des anciennes forces productives

és ezeket a válságokat a régi termelőerők alaposabb kizsákmányolásával győzi le

C'est-à-dire en ouvrant la voie à des crises plus étendues et plus destructrices

Vagyis azzal, hogy kikövezzük az utat a kiterjedtebb és pusztítóbb válságok előtt

elle surmonte la crise en diminuant les moyens de prévention des crises

Úgy küzdi le a válságot, hogy csökkenti a válságok megelőzésére szolgáló eszközöket

Les armes avec lesquelles la bourgeoisie a abattu le féodalisme sont maintenant retournées contre elle-même

Azok a fegyverek, amelyekkel a burzsoázia földig rombolta a feudalizmust, most önmaga ellen fordultak

Mais non seulement la bourgeoisie a-t-elle forgé les armes qui lui apportent la mort

De a burzsoázia nemcsak azokat a fegyvereket kovácsolta, amelyek halált hoznak magának

Il a également appelé à l'existence les hommes qui doivent manier ces armes

Életre hívta azokat az embereket is, akiknek ezeket a fegyvereket kell használniuk

Et ces hommes sont la classe ouvrière moderne ; Ce sont les prolétaires

és ezek az emberek alkotják a modern munkásosztályt; Ők a proletárok

À mesure que la bourgeoisie se développe, le prolétariat se développe dans la même proportion

Amilyen mértékben a burzsoázia fejlett, olyan arányban fejlett a proletariátus is

La classe ouvrière moderne a développé une classe d'ouvriers

A modern munkásosztály kifejlesztette a munkások osztályát

Cette classe d'ouvriers ne vit que tant qu'elle trouve du travail

A munkásoknak ez az osztálya csak addig él, amíg munkát talál

et ils ne trouvent de travail qu'aussi longtemps que leur travail augmente le capital

és csak addig találnak munkát, amíg munkájuk növeli a tőkét

Ces ouvriers, qui doivent se vendre à la pièce, sont une marchandise

Ezek a munkások, akiknek darabonként kell eladniuk magukat, árucikk

Ces ouvriers sont comme tous les autres articles de commerce

Ezek a munkások olyanok, mint minden más kereskedelmi cikk

et, par conséquent, ils sont exposés à toutes les vicissitudes de la concurrence

következésképpen ki vannak téve a verseny minden
viszontagságának
Ils doivent faire face à toutes les fluctuations du marché
Át kell vészelniük a piac minden ingadozását
En raison de l'utilisation intensive des machines et de la
division du travail
A gépek széles körű használata és a munkamegosztás miatt
Le travail des prolétaires a perdu tout caractère individuel
A proletárok munkája elvesztette minden egyéni jellegét
et, par conséquent, le travail des prolétaires a perdu tout
charme pour l'ouvrier
következésképpen a proletárok munkája elvesztette minden
varázsát a munkás számára
Il devient un appendice de la machine, plutôt que l'homme
qu'il était autrefois
A gép függelékévé válik, nem pedig azzá az emberré, aki
egykor volt
On n'exige de lui que l'habileté la plus simple, la plus
monotone et la plus facile à acquérir
Csak a legegyszerűbb, monoton és legkönnyebben
megszerezhető trükkre van szükség tőle
Par conséquent, le coût de production d'un ouvrier est limité
Ezért a munkás termelési költsége korlátozott
elle se limite presque entièrement aux moyens de
subsistance dont il a besoin pour son entretien
szinte teljes egészében a létfenntartáshoz szükséges
megélhetési eszközökre korlátozódik
.et elle est limitée aux moyens de subsistance dont il a besoin
pour la propagation de sa race
és azokra a létfenntartási eszközökre korlátozódik, amelyekre
fajának szaporításához szüksége van
Mais le prix d'une marchandise, et par conséquent aussi du
travail, est égal à son coût de production
De egy áru, és így a munkaerő ára is megegyezik a termelési
költségével

C'est pourquoi, à mesure que le travail répugnant augmente, le salaire diminue

Ezért a munka visszataszító erejének növekedésével arányosan csökken a bér

Bien plus, le caractère répugnant de son travail augmente à un rythme encore plus grand

Sőt, munkájának visszataszító jellege még nagyobb ütemben növekszik

À mesure que l'utilisation des machines et la division du travail augmentent, le fardeau du labeur augmente également

Ahogy nő a gépek használata és a munkamegosztás, úgy nő a munka terhe is

La charge de travail est augmentée par la prolongation du temps de travail

A munkaidő meghosszabbítása növeli a munka terhét

On attend plus de l'ouvrier dans le même temps qu'auparavant

Többet várnak a munkástól ugyanabban az időben, mint korábban

Et bien sûr, le poids du labeur est augmenté par la vitesse de la machine

És természetesen a munka terhét növeli a gép sebessége

L'industrie moderne a transformé le petit atelier du maître patriarcal en la grande usine du capitaliste industriel

A modern ipar a patriarchális mester kis műhelyét az ipari kapitalista nagy gyárává változtatta

Des masses d'ouvriers, entassés dans l'usine, s'organisent comme des soldats

A gyárba zsúfolódott munkástömegek úgy szerveződnek, mint a katonák

En tant que simples soldats de l'armée industrielle, ils sont placés sous le commandement d'une hiérarchie parfaite d'officiers et de sergents

Az ipari hadsereg közlegényeiként a tisztek és őrmesterek tökéletes hierarchiájának parancsnoksága alá kerülnek;

ils ne sont pas seulement les esclaves de la classe bourgeoise et de l'État

nemcsak a burzsoázia osztályának és államának rabszolgái

Mais ils sont aussi asservis quotidiennement et d'heure en heure par la machine

de naponta és óránként is rabszolgái a gépnek

ils sont asservis par le surveillant, et surtout par le fabricant bourgeois lui-même

rabszolgái a szemlélőnek, és mindenekelőtt magának a burzsoáziai gyárosnak a rabszolgái

Plus ce despotisme proclame ouvertement que le gain est sa fin et son but, plus il est mesquin, plus haïssable et plus aigri

Minél nyíltabban hirdeti ez az önkényuralom a nyereséget, mint célját és célját, annál kicsinyesebb, annál gyűlölködőbb és elkeseredettebb

Plus l'industrie moderne se développe, moins les différences entre les sexes sont grandes

Minél fejlettebb az ipar, annál kisebbek a nemek közötti különbségek

Moins le travail manuel exige d'habileté et d'effort de force, plus le travail des hommes est supplanté par celui des femmes

Minél kevesebb a kétkezi munkával járó ügyesség és erőkifejtés, annál inkább kiszorítja a férfiak munkáját a nőké

Les différences d'âge et de sexe n'ont plus de validité sociale distincte pour la classe ouvrière

Az életkori és nemi különbségeknek már nincs megkülönböztető társadalmi érvényességük a munkásosztály számára

Tous sont des instruments de travail, plus ou moins coûteux à utiliser, selon leur âge et leur sexe

Mindegyik munkaeszköz, koruktól és nemüktől függően többé-kevésbé költséges a használatuk

dès que l'ouvrier reçoit son salaire en espèces, il est attaqué par les autres parties de la bourgeoisie

mihelyt a munkás készpénzben kapja meg bérét, a burzsoázia
többi része is rákényszeríti
le propriétaire, le commerçant, le prêteur sur gages, etc
a földesúr, a boltos, a zálogügynök stb
**Les couches inférieures de la classe moyenne ; les petits
commerçants et les commerçants**
A középosztály alsó rétegei; a kiskereskedők, a kereskedők és
a boltosok;
**les commerçants retraités en général, et les artisans et les
paysans**
a nyugdíjas kereskedők általában, valamint a kézművesek és
parasztok
tout cela s'enfonce peu à peu dans le prolétariat
mindezek fokozatosan beszivárognak a proletariátusba
**en partie parce que leur petit capital ne suffit pas à l'échelle
sur laquelle l'industrie moderne est exercée**
részben azért, mert csekély tőkéjük nem elegendő ahhoz a
mértékhez, amelyen a modern ipar folyik
**et parce qu'elle est submergée par la concurrence avec les
grands capitalistes**
és mert elárasztja a nagytőkésekkel folytatott verseny
**en partie parce que leur savoir-faire spécialisé est rendu sans
valeur par les nouvelles méthodes de production**
részben azért, mert speciális szakértelmüket értéktelenné
teszik az új termelési módszerek
**Ainsi le prolétariat se recrute dans toutes les classes de la
population**
Így a proletariátus a lakosság minden osztályából toborozódik
Le prolétariat passe par différents stades de développement
A proletariátus a fejlődés különböző szakaszain megy
keresztül
Avec sa naissance commence sa lutte contre la bourgeoisie
Születésével megkezdődik a harc a burzsoáziával
**Dans un premier temps, la lutte est menée par des ouvriers
individuels**
A versenyt eleinte egyéni munkások folytatják

Ensuite, le concours est mené par les ouvriers d'une usine
Ezután a versenyt egy gyár munkásai folytatják
Ensuite, la lutte est menée par les agents d'un métier, dans une localité
Ezután a versenyt egy szakma ügynökei folytatják, egy helységben
et la lutte est alors contre la bourgeoisie individuelle qui les exploite directement
és a verseny akkor az egyes burzsoázia ellen irányul, aki közvetlenül kizsákmányolja őket
Ils ne dirigent pas leurs attaques contre les conditions de production de la bourgeoisie
Támadásaikat nem a burzsoázia termelési feltételei ellen irányítják
mais ils dirigent leur attaque contre les instruments de production eux-mêmes
de támadásukat maguk a termelőeszközök ellen irányítják
Ils détruisent les marchandises importées qui font concurrence à leur main-d'œuvre
elpusztítják az importált árukat, amelyek versenyeznek a munkájukkal
Ils brisent les machines et mettent le feu aux usines
Darabokra törik a gépeket, és gyárakat gyújtanak fel
ils cherchent à restaurer par la force le statut disparu de l'ouvrier du Moyen Âge
erőszakkal akarják visszaállítani a középkori munkás eltűnt helyzetét
À ce stade, les ouvriers forment encore une masse incohérente dispersée dans tout le pays
Ebben a szakaszban a munkások még mindig összefüggéstelen tömeget alkotnak, amely szétszóródik az egész országban
et ils sont brisés par leur concurrence mutuelle
és kölcsönös versengésük felbomlasztja őket

S'ils s'unissent quelque part pour former des corps plus
compacts, ce n'est pas encore la conséquence de leur propre
union active
Ha bárhol egyesülnek, hogy kompaktabb testeket alkossanak,
ez még nem a saját aktív egyesülésük következménye
mais c'est une conséquence de l'union de la bourgeoisie,
d'atteindre ses propres fins politiques
de a burzsoázia egyesülésének következménye, hogy elérje
saját politikai céljait
la bourgeoisie est obligée de mettre en mouvement tout le
prolétariat
a burzsoázia arra kényszerül, hogy mozgásba hozza az egész
proletariátust
et d'ailleurs, pour un temps, la bourgeoisie est capable de le
faire
sőt a burzsoázia egy ideig képes erre
À ce stade, les prolétaires ne combattent donc pas leurs
ennemis
Ebben a szakaszban tehát a proletárok nem harcolnak
ellenségeikkel
mais au lieu de cela, ils combattent les ennemis de leurs
ennemis
Ehelyett ellenségeik ellenségei ellen harcolnak
La lutte contre les vestiges de la monarchie absolue et les
propriétaires terriens
A harc az abszolút monarchia maradványaival és a
földtulajdonosokkal
ils combattent la bourgeoisie non industrielle ; la petite
bourgeoisie
harcolnak a nem ipari burzsoázia ellen; a kispolgárság
Ainsi tout le mouvement historique est concentré entre les
mains de la bourgeoisie
Így az egész történelmi mozgalom a burzsoázia kezében
összpontosul
chaque victoire ainsi obtenue est une victoire pour la
bourgeoisie

minden így elért győzelem a burzsoázia győzelme

Mais avec le développement de l'industrie, le prolétariat ne se contente pas d'augmenter en nombre

De az ipar fejlődésével a proletariátus nemcsak a számuk növekszik

le prolétariat se concentre en masses plus grandes et sa force s'accroît

a proletariátus nagyobb tömegekben koncentrálódik, és ereje növekszik

et le prolétariat ressent de plus en plus cette force

és a proletariátus egyre jobban érzi ezt az erőt

Les divers intérêts et conditions de vie dans les rangs du prolétariat sont de plus en plus égalisés

A proletariátus soraiban a különböző érdekek és életfeltételek egyre inkább kiegyenlítődnek

elles deviennent plus proportionnelles à mesure que les machines effacent toutes les distinctions de travail

arányosabbá válnak, ahogy a gépek eltörlik a munka minden megkülönböztetését

et les machines réduisent presque partout les salaires au même bas niveau

és a gépek szinte mindenhol ugyanolyan alacsony szintre csökkentik a béreket

La concurrence croissante entre la bourgeoisie et les crises commerciales qui en résultent rendent les salaires des ouvriers de plus en plus fluctuants

A burzsoázia közötti fokozódó verseny és az ebből eredő kereskedelmi válságok a munkások bérét egyre ingadozóbbá teszik

L'amélioration incessante des machines, qui se développe de plus en plus rapidement, rend leurs moyens d'existence de plus en plus précaires

A gépek szüntelen fejlődése, amely egyre gyorsabban fejlődik, egyre bizonytalanabbá teszi megélhetésüket

**les collisions entre les ouvriers individuels et la bourgeoisie
individuelle prennent de plus en plus le caractère de
collisions entre deux classes**

az egyes munkások és az egyéni burzsoázia összeütközései
egyre inkább két osztály összeütközésének jellegét öltik
magukra

**Là-dessus, les ouvriers commencent à former des
associations (syndicats) contre la bourgeoisie**

Erre a munkások elkezdenek szövetségeket
(szakszervezeteket) alakítani a burzsoázia ellen

Ils s'associent pour maintenir le taux des salaires

Összefognak, hogy fenntartsák a bérek mértékét

**Ils fondèrent des associations permanentes afin de pourvoir
à l'avance à ces révoltes occasionnelles**

állandó egyesületeket alapítottak annak érdekében, hogy
előzetesen intézkedjenek ezekről az alkalmi felkelésekről

Ici et là, la lutte éclate en émeutes

A verseny itt-ott zavargásokba torkollik

**De temps en temps, les ouvriers sont victorieux, mais
seulement pour un temps**

Időnként a munkások győzedelmeskednek, de csak egy időre

**Le vrai fruit de leurs luttes n'est pas dans le résultat
immédiat, mais dans l'union toujours plus grande des
travailleurs**

Harcaik igazi gyümölcse nem a közvetlen eredményben rejlik,
hanem a munkások egyre bővülő szakszervezetében

**Cette union est favorisée par les moyens de communication
améliorés créés par l'industrie moderne**

Ezt az uniót segítik a modern ipar által létrehozott fejlett
kommunikációs eszközök

**La communication moderne met en contact les travailleurs
de différentes localités les uns avec les autres**

A modern kommunikáció kapcsolatba hozza egymással a
különböző települések dolgozóit

C'était précisément ce contact qui était nécessaire pour centraliser les nombreuses luttes locales en une lutte nationale entre les classes

Éppen erre a kapcsolatra volt szükség ahhoz, hogy a számos helyi harcot egyetlen nemzeti osztályharcban egyesítsék

Toutes ces luttes sont du même caractère, et toute lutte de classe est une lutte politique

Mindezek a harcok azonos jellegűek, és minden osztályharc politikai harc

les bourgeois du moyen âge, avec leurs misérables routes, mettaient des siècles à former leurs syndicats

a középkori polgároknak, nyomorúságos autópályáikkal, évszázadokra volt szükségük szakszervezeteik kialakításához

Les prolétaires modernes, grâce aux chemins de fer, réalisent leurs syndicats en quelques années

A modern proletárok a vasútnak köszönhetően néhány éven belül elérik szakszervezeteiket

Cette organisation des prolétaires en classe les a donc formés en parti politique

A proletároknak ez az osztályba szerveződése politikai párttá formálta őket

La classe politique est continuellement bouleversée par la concurrence entre les travailleurs eux-mêmes

A politikai osztályt újra és újra felzaklatja a munkások közötti verseny

Mais la classe politique continue de se soulever, plus forte, plus ferme, plus puissante

De a politikai osztály újra felemelkedik, erősebbé, szilárdabbá, hatalmasabbá

Elle oblige la législation à reconnaître les intérêts particuliers des travailleurs

Kikényszeríti a munkavállalók sajátos érdekeinek jogszabályi elismerését

il le fait en profitant des divisions au sein de la bourgeoisie elle-même

ezt úgy teszi, hogy kihasználja a burzsoázia közötti
megosztottságot
**C'est ainsi qu'en Angleterre fut promulguée la loi sur les dix
heures**
Így Angliában törvénybe iktatták a tízórás törvényjavaslatot
**à bien des égards, les collisions entre les classes de
l'ancienne société sont en outre le cours du développement
du prolétariat**
a régi társadalom osztályai közötti ütközések sok tekintetben a
proletariátus fejlődésének menetét jelentik
**La bourgeoisie se trouve engagée dans une bataille de tous
les instants**
A burzsoázia állandó harcban találja magát
**Dans un premier temps, il se trouvera impliqué dans une
bataille constante avec l'aristocratie**
Eleinte állandó harcban találja magát az arisztokráciával
**plus tard, elle se trouvera engagée dans une lutte constante
avec ces parties de la bourgeoisie elle-même**
később állandó harcban fog állni magával a burzsoáziával
**et leurs intérêts seront devenus antagonistes au progrès de
l'industrie**
és érdekeik ellenségessé válnak az ipar fejlődésével szemben
**à tout moment, leurs intérêts seront devenus antagonistes
avec la bourgeoisie des pays étrangers**
érdekeik mindenkor ellenségessé válnak a külföldi országok
burzsoáziájával
**Dans toutes ces batailles, elle se voit obligée de faire appel
au prolétariat et lui demande son aide**
Mindezekben a harcokban arra kényszerül, hogy a
proletariátushoz forduljon, és a segítségét kéri
**Et ainsi, il se sentira obligé de l'entraîner dans l'arène
politique**
és így kénytelen lesz belerángatni a politikai arénába
**C'est pourquoi la bourgeoisie elle-même fournit au
prolétariat ses propres instruments d'éducation politique et
générale**

Ezért maga a burzsoázia látja el a proletariátust a maga
politikai és általános oktatási eszközeivel
**c'est-à-dire qu'il fournit au prolétariat des armes pour
combattre la bourgeoisie**
más szóval, fegyverekkel látja el a proletariátust a burzsoázia
elleni harchoz
**De plus, comme nous l'avons déjà vu, des sections entières
des classes dominantes sont précipitées dans le prolétariat**
Továbbá, mint már láttuk, az uralkodó osztályok egész részei
csapódnak be a proletariátusba
le progrès de l'industrie les aspire dans le prolétariat
az ipar fejlődése beszippantja őket a proletariátusba
**ou, du moins, ils sont menacés dans leurs conditions
d'existence**
vagy legalábbis létfeltételeikben fenyegetve vannak
**Ceux-ci fournissent également au prolétariat de nouveaux
éléments d'illumination et de progrès**
Ezek látják el a proletariátust a felvilágosodás és a haladás új
elemeivel is
Enfin, à l'approche de l'heure décisive de la lutte des classes
Végül, amikor az osztályharc a döntő órához közeledik
**le processus de dissolution en cours au sein de la classe
dirigeante**
Az uralkodó osztályon belül zajló felbomlási folyamat
**En fait, la dissolution en cours au sein de la classe dirigeante
se fera sentir dans toute la société**
Valójában az uralkodó osztályon belül zajló felbomlás a
társadalom egész területén érezhető lesz
**Il prendra un caractère si violent et si flagrant qu'une petite
partie de la classe dirigeante se laissera aller à la dérive**
Olyan erőszakos, kirívó jelleget fog ölteni, hogy az uralkodó
osztály egy kis része elvágja magát
et que la classe dirigeante rejoindra la classe révolutionnaire
és ez az uralkodó osztály csatlakozni fog a forradalmi
osztályhoz

**La classe révolutionnaire étant la classe qui tient l'avenir
entre ses mains**
A forradalmi osztály az az osztály, amely kezében tartja a
jövőt
**Comme à une époque antérieure, une partie de la noblesse
passa dans la bourgeoisie**
Csakúgy, mint egy korábbi időszakban, a nemesség egy része
átment a burzsoáziába
**de la même manière qu'une partie de la bourgeoisie passera
au prolétariat**
ugyanúgy, ahogy a burzsoázia egy része átmegy a
proletariátusba
**en particulier, une partie de la bourgeoisie passera à une
partie des idéologues de la bourgeoisie**
különösen a burzsoázia egy része fog átmenni a burzsoázia
ideológusainak egy részéhez
**Des idéologues bourgeois qui se sont élevés au niveau de la
compréhension théorique du mouvement historique dans
son ensemble**
A burzsoázia ideológusai, akik arra a szintre emelkedtek,
hogy elméletileg megértsék a történelmi mozgalom egészét
**De toutes les classes qui se trouvent aujourd'hui en face de
la bourgeoisie, seule le prolétariat est une classe vraiment
révolutionnaire**
Mindazon osztályok közül, amelyek ma szemtől szemben
állnak a burzsoáziával, egyedül a proletariátus valóban
forradalmi osztály
**Les autres classes se dégradent et finissent par disparaître
devant l'industrie moderne**
A többi osztály hanyatlik és végül eltűnik a modern iparral
szemben
le prolétariat est son produit spécial et essentiel
a proletariátus különleges és lényeges terméke
**La petite bourgeoisie, le petit industriel, le commerçant,
l'artisan, le paysan**

Az alsó középosztály, a kisiparos, a boltos, a kézműves, a paraszt
toutes ces luttes contre la bourgeoisie
mindezek a burzsoázia ellen harcolnak
Ils se battent en tant que fractions de la classe moyenne pour se sauver de l'extinction
A középosztály frakcióiként harcolnak, hogy megmentsék magukat a kihalástól
Ils ne sont donc pas révolutionnaires, mais conservateurs
Ezért nem forradalmiak, hanem konzervatívak
Bien plus, ils sont réactionnaires, car ils essaient de faire reculer la roue de l'histoire
Sőt, reakciósak, mert megpróbálják visszaforgatni a történelem kerekét
Si par hasard ils sont révolutionnaires, ils ne le sont qu'en vue de leur transfert imminent dans le prolétariat
Ha véletlenül forradalmiak, csak a proletariátusba való közelgő áthelyezésük miatt azok;
Ils défendent ainsi non pas leurs intérêts présents, mais leurs intérêts futurs
Így nem a jelenüket, hanem a jövőbeli érdekeiket védik
ils désertent leur propre point de vue pour se placer à celui du prolétariat
elhagyják saját álláspontjukat, hogy a proletariátus álláspontjához igazodjanak
La « classe dangereuse », la racaille sociale, cette masse en décomposition passive rejetée par les couches les plus basses de la vieille société
A "veszélyes osztály", a társadalmi söpredék, az a passzívan rothadó tömeg, amelyet a régi társadalom legalsóbb rétegei dobtak le
Ils peuvent, ici et là, être entraînés dans le mouvement par une révolution prolétarienne
Itt-ott a proletárforradalom söpörheti be őket a mozgalomba

**Ses conditions de vie, cependant, le préparent beaucoup
plus au rôle d'instrument soudoyé de l'intrigue
réactionnaire**

Életkörülményei azonban sokkal inkább felkészítik a reakciós
intrika megvesztegetett eszközének szerepére

**Dans les conditions du prolétariat, ceux de l'ancienne société
dans son ensemble sont déjà virtuellement submergés**

A proletariátus viszonyai között a régi társadalom egésze már
gyakorlatilag el van árasztva

Le prolétaire est sans propriété

A proletár tulajdon nélkül van

**ses rapports avec sa femme et ses enfants n'ont plus rien de
commun avec les relations familiales de la bourgeoisie**

feleségéhez és gyermekeihez való viszonyának már semmi
köze sincs a burzsoázia családi viszonyaihoz;

**le travail industriel moderne, la sujétion moderne au capital,
la même en Angleterre qu'en France, en Amérique comme
en Allemagne**

modern ipari munka, modern alávetettség a tőkének, ugyanaz
Angliában, mint Franciaországban, Amerikában éppúgy, mint
Németországban

**Sa condition dans la société l'a dépouillé de toute trace de
caractère national**

Társadalmi helyzete megfosztotta őt a nemzeti jellem minden
nyomától

**La loi, la morale, la religion, sont pour lui autant de préjugés
bourgeois**

A törvény, az erkölcs, a vallás megannyi burzsoázia előítélet
számára

**et derrière ces préjugés se cachent en embuscade autant
d'intérêts bourgeois**

és ezen előítéletek mögött éppúgy lesben lappang a
burzsoázia érdeke

**Toutes les classes précédentes, qui ont pris le dessus, ont
cherché à fortifier leur statut déjà acquis**

Az összes korábbi osztály, amely fölénybe került, arra
törekedett, hogy megerősítse már megszerzett státuszát
**Ils l'ont fait en soumettant la société dans son ensemble à
leurs conditions d'appropriation**
Ezt úgy tették, hogy a társadalom egészét alávetették a
kisajátítás feltételeinek
**Les prolétaires ne peuvent pas devenir maîtres des forces
productives de la société**
A proletárok nem válhatnak a társadalom termelőerőinek
uraivá
**elle ne peut le faire qu'en abolissant son propre mode
d'appropriation antérieur**
Ezt csak úgy teheti meg, ha eltörli saját korábbi kisajátítási
módját
**et par là même elle abolit tout autre mode d'appropriation
antérieur**
és ezáltal eltöröl minden más korábbi kisajátítási módot is
Ils n'ont rien à eux pour s'assurer et se fortifier
Nincs semmijük, amit biztosítanának és megerősíthetnének
**Leur mission est de détruire toutes les sûretés antérieures et
les assurances de biens individuels**
Küldetésük az, hogy megsemmisítsék az egyéni tulajdonra
vonatkozó összes korábbi biztosítékot és biztosítást
**Tous les mouvements historiques antérieurs étaient des
mouvements de minorités**
Minden korábbi történelmi mozgalom kisebbségi mozgalom
volt
**ou bien il s'agissait de mouvements dans l'intérêt des
minorités**
vagy kisebbségek érdekeit szolgáló mozgalmak voltak
**Le mouvement prolétarien est le mouvement conscient et
indépendant de l'immense majorité**
A proletármozgalom a hatalmas többség öntudatos, független
mozgalma
Et c'est un mouvement dans l'intérêt de l'immense majorité
és ez a mozgalom a hatalmas többség érdekeit szolgálja

Le prolétariat, couche la plus basse de notre société actuelle
A proletariátus, jelenlegi társadalmunk legalsó rétege
elle ne peut ni s'agiter ni s'élever sans que toutes les couches supérieures de la société officielle ne soient soulevées en l'air
Nem mozdulhat meg és nem emelkedhet fel anélkül, hogy a hivatalos társadalom egész felsőbbrendű rétegei a levegőbe ne emelkednének
Loin d'être dans le fond, mais dans la forme, la lutte du prolétariat contre la bourgeoisie est d'abord une lutte nationale
A proletariátus harca a burzsoáziával, ha nem is lényegében, de formájában, de eleinte nemzeti harc
Le prolétariat de chaque pays doit, bien entendu, régler d'abord ses affaires avec sa propre bourgeoisie
Minden ország proletariátusának természetesen mindenekelőtt a saját burzsoáziájával kell rendeznie a dolgokat
En décrivant les phases les plus générales du développement du prolétariat, nous avons retracé la guerre civile plus ou moins voilée
A proletariátus fejlődésének legáltalánosabb fázisainak ábrázolásakor nyomon követtük a többé-kevésbé leplezett polgárháborút
Ce civil fait rage au sein de la société existante
Ez a civil tombol a létező társadalomban
Elle fera rage jusqu'au point où cette guerre éclatera en révolution ouverte
addig a pontig fog tombolni, ahol a háború nyílt forradalommá tör ki
et alors le renversement violent de la bourgeoisie jette les bases de l'emprise du prolétariat
és akkor a burzsoázia erőszakos megdöntése megalapozza a proletariátus uralmát

Jusqu'à présent, toute forme de société a été fondée, comme nous l'avons déjà vu, sur l'antagonisme des classes oppressives et opprimées

Eddig a társadalom minden formája, mint már láttuk, az elnyomó és elnyomott osztályok antagonizmusán alapult

Mais pour opprimer une classe, il faut lui assurer certaines conditions

De ahhoz, hogy egy osztályt elnyomjanak, bizonyos feltételeket biztosítani kell számára

La classe doit être maintenue dans des conditions dans lesquelles elle peut, au moins, continuer son existence servile

Az osztályt olyan körülmények között kell tartani, amelyek között legalább szolgai létét folytathatja

Le serf, à l'époque du servage, s'élevait lui-même au rang d'adhérent à la commune

A jobbágy a jobbágy időszakában a község tagságára emelkedett

de même que la petite bourgeoisie, sous le joug de l'absolutisme féodal, a réussi à se développer en bourgeoisie

mint ahogy a kispolgárságnak a feudális abszolutizmus igája alatt sikerült burzsoáziává fejlődnie

L'ouvrier moderne, au contraire, au lieu de s'élever avec les progrès de l'industrie, s'enfonce de plus en plus profondément

A modern munkás ezzel szemben ahelyett, hogy az ipar fejlődésével együtt emelkedne, egyre mélyebbre és mélyebbre süllyed

il s'enfonce au-dessous des conditions d'existence de sa propre classe

saját osztályának létfeltételei alá süllyed

Il devient pauvre, et le paupérisme se développe plus rapidement que la population et la richesse

Szegénysé válik, és a pauperizmus gyorsabban fejlődik, mint a népesség és a gazdagság

Et c'est là qu'il devient évident que la bourgeoisie n'est plus apte à être la classe dominante dans la société

És itt nyilvánvalóvá válik, hogy a burzsoázia alkalmatlan arra, hogy a társadalom uralkodó osztálya legyen

et elle n'est pas digne d'imposer ses conditions d'existence à la société comme une loi prépondérante

és alkalmatlan arra, hogy létfeltételeit mindenek felett álló törvényként ráerőltesse a társadalomra

Il est inapte à gouverner parce qu'il est incompétent pour assurer une existence à son esclave dans son esclavage

Alkalmatlan az uralkodásra, mert képtelen létet biztosítani rabszolgájának rabszolgaságában

parce qu'il ne peut s'empêcher de le laisser sombrer dans un tel état, qu'il doit le nourrir, au lieu d'être nourri par lui

Mert nem tehet róla, hogy olyan állapotba süllyed, hogy táplálnia kell, ahelyett, hogy ő táplálná

La société ne peut plus vivre sous cette bourgeoisie

A társadalom nem élhet tovább ebben a burzsoáziában

En d'autres termes, son existence n'est plus compatible avec la société

Más szóval, létezése már nem egyeztethető össze a társadalommal

La condition essentielle de l'existence et de l'influence de la classe bourgeoise est la formation et l'accroissement du capital

A burzsoázia osztály létének és befolyásának lényeges feltétele a tőke kialakulása és gyarapítása

La condition du capital, c'est le salariat-travail

A tőke feltétele a bérmunka

Le travail salarié repose exclusivement sur la concurrence entre les travailleurs

A bérmunka kizárólag a munkások közötti versenyen alapul

Le progrès de l'industrie, dont le promoteur involontaire est la bourgeoisie, remplace l'isolement des ouvriers

Az ipar haladása, amelynek önkéntelen támogatója a burzsoázia, felváltja a munkások elszigeteltségét

en raison de la concurrence, en raison de leur combinaison révolutionnaire, en raison de l'association

a verseny miatt, forradalmi kombinációjuk miatt, társulásuk miatt

Le développement de l'industrie moderne lui coupe sous les pieds les fondements mêmes sur lesquels la bourgeoisie produit et s'approprie les produits

A modern ipar fejlődése kivágja lába alól azt az alapot, amelyen a burzsoázia termékeket állít elő és sajátít ki

Ce que la bourgeoisie produit avant tout, ce sont ses propres fossoyeurs

Amit a burzsoázia mindenekelőtt termel, az a saját sírásói

La chute de la bourgeoisie et la victoire du prolétariat sont également inévitables

A burzsoázia bukása és a proletariátus győzelme egyaránt elkerülhetetlen

Prolétaires et communistes
Proletárok és kommunisták

Quel est le rapport des communistes vis-à-vis de l'ensemble des prolétaires ?

Milyen viszonyban állnak a kommunisták a proletárok egészével?

Les communistes ne forment pas un parti séparé opposé aux autres partis de la classe ouvrière

A kommunisták nem alkotnak külön pártot a többi munkáspárttal szemben

Ils n'ont pas d'intérêts séparés de ceux du prolétariat dans son ensemble

Nincsenek a proletariátus egészének érdekeitől elkülönülő érdekeik

Ils n'établissent pas de principes sectaires qui leur soient propres pour façonner et modeler le mouvement prolétarien

Nem állítanak fel saját szektás elveket, amelyek alapján a proletármozgalmat alakíthatnák és formálhatnák

Les communistes ne se distinguent des autres partis ouvriers que par deux choses

A kommunistákat csak két dolog különbözteti meg a többi munkásosztálybeli párttól

Premièrement, ils signalent et mettent en avant les intérêts communs de l'ensemble du prolétariat, indépendamment de toute nationalité

Először is rámutatnak és előtérbe helyezik az egész proletariátus közös érdekeit, nemzetiségre való tekintet nélkül

C'est ce qu'ils font dans les luttes nationales des prolétaires des différents pays

Ezt teszik a különböző országok proletárjainak nemzeti harcaiban

Deuxièmement, ils représentent toujours et partout les intérêts du mouvement dans son ensemble

Másodszor, mindig és mindenhol képviselik a mozgalom egészének érdekeit

c'est ce qu'ils font dans les différents stades de développement par lesquels doit passer la lutte de la classe ouvrière contre la bourgeoisie

ezt teszik a fejlődés különböző fokain, amelyeken a munkásosztálynak a burzsoázia ellen folytatott harcának keresztül kell mennie

Les communistes sont donc, d'une part, pratiquement, la section la plus avancée et la plus résolue des partis ouvriers de tous les pays

A kommunisták tehát gyakorlatilag minden ország munkáspártjainak legfejlettebb és legelszántabb részét alkotják

Ils sont cette section de la classe ouvrière qui pousse en avant toutes les autres

Ők a munkásosztálynak az a része, amely minden mást előretol

Théoriquement, ils ont aussi l'avantage de bien comprendre la ligne de marche

Elméletileg az az előnyük is, hogy világosan megértik a menetvonalat

C'est ce qu'ils comprennent mieux par rapport à la grande masse du prolétariat

Ezt jobban megértik, mint a proletariátus nagy tömegét

Ils comprennent les conditions et les résultats généraux ultimes du mouvement prolétarien

Megértik a proletármozgalom feltételeit és végső általános eredményeit

Le but immédiat du Parti communiste est le même que celui de tous les autres partis prolétariens

A kommunisták közvetlen célja ugyanaz, mint az összes többi proletár párté

Leur but est la formation du prolétariat en classe

Céljuk a proletariátus osztállyá alakítása

ils visent à renverser la suprématie de la bourgeoisie

céljuk a burzsoázia felsőbbrendűségének megdöntése

la conquête du pouvoir politique par le prolétariat

törekvés a politikai hatalom proletariátus általi meghódítására

Les conclusions théoriques des communistes ne sont nullement basées sur des idées ou des principes de réformateurs

A kommunisták elméleti következtetései semmiképpen sem a reformerek eszméin vagy elvein alapulnak

ce ne sont pas des prétendus réformateurs universels qui ont inventé ou découvert les conclusions théoriques des communistes

nem a leendő egyetemes reformerek találták ki vagy fedezték fel a kommunisták elméleti következtetéseit

Ils ne font qu'exprimer, en termes généraux, des rapports réels qui naissent d'une lutte de classe existante

Csupán általánosságban fejezik ki a létező osztályharcból eredő tényleges viszonyokat

Et ils décrivent le mouvement historique qui se déroule sous nos yeux et qui a créé cette lutte des classes

És leírják azt a történelmi mozgalmat, amely a szemünk előtt zajlik, és amely ezt az osztályharcot létrehozta

L'abolition des rapports de propriété existants n'est pas du tout un trait distinctif du communisme

A meglévő tulajdonviszonyok eltörlése egyáltalán nem a kommunizmus megkülönböztető jellemzője

Dans le passé, toutes les relations de propriété ont été continuellement sujettes à des changements historiques

A múltban minden tulajdonviszony folyamatosan történelmi változásoknak volt kitéve

et ces changements ont été consécutifs au changement des conditions historiques

és e változások a történelmi körülmények változásának következményei voltak

La Révolution française, par exemple, a aboli la propriété féodale au profit de la propriété bourgeoise

A francia forradalom például eltörölte a feudális tulajdont a burzsoázia tulajdonának javára

Le trait distinctif du communisme n'est pas l'abolition de la propriété, en général

A kommunizmus megkülönböztető jellemzője általában nem a tulajdon eltörlése

mais le trait distinctif du communisme, c'est l'abolition de la propriété bourgeoise

de a kommunizmus megkülönböztető jellemzője a burzsoázia tulajdonának eltörlése

Mais la propriété privée de la bourgeoisie moderne est l'expression ultime et la plus complète du système de production et d'appropriation des produits

De a modern burzsoázia magántulajdona a termékek előállítási és kisajátítási rendszerének végső és legteljesebb kifejeződése

C'est l'état final d'un système basé sur les antagonismes de classe, où l'antagonisme de classe est l'exploitation du plus grand nombre par quelques-uns

Ez egy olyan rendszer végső állapota, amely osztályellentéteken alapul, ahol az osztályantagonizmus a sokak kevesek általi kizsákmányolása

En ce sens, la théorie des communistes peut se résumer en une seule phrase ; l'abolition de la propriété privée

Ebben az értelemben a kommunisták elmélete egyetlen mondatban összefoglalható; a magántulajdon eltörlése

On nous a reproché, à nous communistes, de vouloir abolir le droit d'acquérir personnellement des biens

Nekünk, kommunistáknak szemünkre vetették, hogy el akarják törölni a személyes tulajdonszerzés jogát

On prétend que cette propriété est le fruit du travail de l'homme

Azt állítják, hogy ez a tulajdonság az ember saját munkájának gyümölcse

et cette propriété est censée être le fondement de toute liberté, de toute activité et de toute indépendance individuelles.

És ez a tulajdonság állítólag minden személyes szabadság, tevékenység és függetlenség alapja.

« Propriété durement gagnée, auto-acquise, auto-gagnée ! »

"Nehezen megszerzett, saját maga által szerzett, saját maga által megszerzett tulajdon!"

Voulez-vous dire la propriété du petit artisan et du petit paysan ?

A kisiparos és a kisparaszt tulajdonára gondol?

Voulez-vous parler d'une forme de propriété qui a précédé la forme bourgeoise ?

Olyan tulajdonformára gondol, amely megelőzte a burzsoázia formáját?

Il n'est pas nécessaire de l'abolir, le développement de l'industrie l'a déjà détruit dans une large mesure

Ezt nem kell eltörölni, az ipar fejlődése már nagyrészt tönkretette

et le développement de l'industrie continue de la détruire chaque jour

és az ipar fejlődése még mindig naponta pusztítja

Ou voulez-vous parler de la propriété privée de la bourgeoisie moderne ?

Vagy a modern burzsoázia magántulajdonára gondol?

Mais le travail salarié crée-t-il une propriété pour l'ouvrier ?

De teremt-e a bérmunka bármilyen tulajdont a munkás számára?

Non, le travail salarié ne crée pas une parcelle de ce genre de propriété !

Nem, a bérmunka egy cseppet sem teremt ilyen tulajdonból!

Ce que le travail salarié crée, c'est du capital ; ce genre de propriété qui exploite le travail salarié

amit a bérmunka létrehoz, az a tőke; az a fajta tulajdon, amely kizsákmányolja a bérmunkát

Le capital ne peut s'accroître qu'à la condition d'engendrer une nouvelle offre de travail salarié pour une nouvelle exploitation

A tőke csak azzal a feltétellel növekedhet, hogy új bérmunka-kínálatot teremt az új kizsákmányoláshoz

La propriété, dans sa forme actuelle, est fondée sur l'antagonisme du capital et du salariat

A tulajdon jelenlegi formájában a tőke és a bérmunka antagonizmusán alapul

Examinons les deux côtés de cet antagonisme

Vizsgáljuk meg ennek az antagonizmusnak mindkét oldalát

Être capitaliste, ce n'est pas seulement avoir un statut purement personnel

Kapitalistának lenni nem csak azt jelenti, hogy tisztán személyes státusszal rendelkezünk

Au contraire, être capitaliste, c'est aussi avoir un statut social dans la production

Ehelyett kapitalistának lenni azt is jelenti, hogy társadalmi státusszal rendelkezünk a termelésben

parce que le capital est un produit collectif ; Ce n'est que par l'action unie de nombreux membres qu'elle peut être mise en branle

mert a tőke kollektív termék; Csak sok képviselő egyesült fellépésével lehet mozgásba hozni

Mais cette action unie n'est qu'un dernier recours, et nécessite en fait tous les membres de la société

De ez az egységes fellépés végső megoldás, és valójában a társadalom minden tagjára szükség van

Le capital est converti en propriété de tous les membres de la société

A tőke a társadalom minden tagjának tulajdonává alakul

mais le Capital n'est donc pas une puissance personnelle ; c'est un pouvoir social

de a Tőke ezért nem személyes hatalom; Ez egy társadalmi hatalom

Ainsi, lorsque le capital est converti en propriété sociale, la propriété personnelle n'est pas pour autant transformée en propriété sociale

Tehát amikor a tőkét társadalmi tulajdonná alakítják át, a személyes tulajdon nem alakul át társadalmi tulajdonná

Ce n'est que le caractère social de la propriété qui est modifié et qui perd son caractère de classe

Csak a tulajdon társadalmi jellege változik meg, és veszíti el osztályjellegét

Regardons maintenant le travail salarié

Nézzük most a bérmunkát

Le prix moyen du salariat est le salaire minimum, c'est-à-dire le quantum des moyens de subsistance

A bérmunka átlagára a minimálbér, azaz a létfenntartási eszközök mennyisége

Ce salaire est absolument nécessaire dans la simple existence d'un ouvrier

Ez a bér feltétlenül szükséges a puszta léthez, mint munkás

Ce que le salarié s'approprie par son travail ne suffit donc qu'à prolonger et à reproduire une existence nue

Amit tehát a bérmunkás munkájával kisajátít, az csupán a puszta lét meghosszabbításához és újratermeléséhez elegendő

Nous n'avons nullement l'intention d'abolir cette appropriation personnelle des produits du travail

Semmi esetre sem áll szándékunkban megszüntetni a munkatermékeknek ezt a személyes kisajátítását

une appropriation qui est faite pour le maintien et la reproduction de la vie humaine

az emberi élet fenntartására és újratermelésére szolgáló előirányzat

Une telle appropriation personnelle des produits du travail ne laisse pas de surplus pour commander le travail d'autrui

A munkatermékek ilyen személyes kisajátítása nem hagy többletet, amellyel mások munkáját irányíthatná

Tout ce que nous voulons supprimer, c'est le caractère misérable de cette appropriation

Minden, amit meg akarunk szüntetni, az ennek a kisajátításnak a nyomorúságos jellege

l'appropriation dont vit l'ouvrier dans le seul but d'augmenter son capital

az a kisajátítás, amely alatt a munkavállaló él, pusztán tőkeemelés céljából

Il n'est autorisé à vivre que dans la mesure où l'intérêt de la classe dominante l'exige

csak addig élhet, ameddig az uralkodó osztály érdekei megkívánják

Dans la société bourgeoise, le travail vivant n'est qu'un moyen d'augmenter le travail accumulé

A burzsoázia társadalmában az élő munka csak eszköz a felhalmozott munka növelésére

Dans la société communiste, le travail accumulé n'est qu'un moyen d'élargir, d'enrichir, de promouvoir l'existence de l'ouvrier

A kommunista társadalomban a felhalmozott munka nem más, mint eszköz a munkás kiszélesítésére, gazdagítására, létének előmozdítására

C'est pourquoi, dans la société bourgeoise, le passé domine le présent

A burzsoázia társadalmában tehát a múlt uralja a jelent

dans la société communiste, le présent domine le passé

a kommunista társadalomban a jelen uralja a múltat

Dans la société bourgeoise, le capital est indépendant et a une individualité

A burzsoázia társadalmában a tőke független és egyénisége van

Dans la société bourgeoise, la personne vivante est dépendante et n'a pas d'individualité

A burzsoázia társadalmában az élő személy függő és nincs egyénisége

Et l'abolition de cet état de choses est appelée par la bourgeoisie l'abolition de l'individualité et de la liberté !

És ennek az állapotnak az eltörlését a burzsoázia az egyéniség és a szabadság megszüntetésének nevezi!

Et c'est à juste titre qu'on l'appelle l'abolition de l'individualité et de la liberté !

És joggal nevezik az egyéniség és a szabadság eltörlésének!

Le communisme vise à l'abolition de l'individualité bourgeoise

A kommunizmus célja a burzsoázia individualitásának
megszüntetése
**Le communisme veut l'abolition de l'indépendance de la
bourgeoisie**
A kommunizmus meg akarja szüntetni a burzsoázia
függetlenségét
**La liberté de la bourgeoisie est sans aucun doute ce que vise
le communisme**
A burzsoázia szabadsága kétségtelenül az, amire a
kommunizmus törekszik
**dans les conditions actuelles de production de la
bourgeoisie, la liberté signifie le libre-échange, la liberté de
vendre et d'acheter**
a burzsoázia jelenlegi termelési viszonyai között a szabadság
szabad kereskedelmet, szabad eladást és vásárlást jelent
**Mais si la vente et l'achat disparaissent, la vente et l'achat
gratuits disparaissent également**
De ha az adásvétel eltűnik, a szabad eladás és vásárlás is
eltűnik
**Les « paroles courageuses » de la bourgeoisie sur la vente et
l'achat libres n'ont qu'un sens limité**
A burzsoázia "bátor szavainak" a szabad adásvételről csak
korlátozott értelemben van értelmük
**Ces mots n'ont de sens que par opposition à la vente et à
l'achat restreints**
Ezeknek a szavaknak csak a korlátozott eladással és
vásárlással ellentétben van jelentésük
**et ces mots n'ont de sens que lorsqu'ils s'appliquent aux
marchands enchaînés du moyen âge**
és ezeknek a szavaknak csak akkor van jelentésük, ha a
középkor megbéklyózott kereskedőire alkalmazzák őket
**et cela suppose que ces mots aient même un sens dans un
sens bourgeois**
és ez feltételezi, hogy ezeknek a szavaknak burzsoázia
értelemben is van jelentésük

mais ces mots n'ont aucun sens lorsqu'ils sont utilisés pour s'opposer à l'abolition communiste de l'achat et de la vente

de ezeknek a szavaknak nincs jelentésük, amikor a vétel és eladás kommunista eltörlése ellen használják őket

les mots n'ont pas de sens lorsqu'ils sont utilisés pour s'opposer à l'abolition des conditions de production de la bourgeoisie

a szavaknak nincs értelmük, amikor a burzsoázia termelési feltételeinek eltörlése ellen használják őket

et ils n'ont aucun sens lorsqu'ils sont utilisés pour s'opposer à l'abolition de la bourgeoisie elle-même

és nincs értelmük, amikor a burzsoázia felszámolása ellen használják őket

Vous êtes horrifiés par notre intention d'en finir avec la propriété privée

Elborzadsz attól, hogy meg akarjuk szüntetni a magántulajdont

Mais dans votre société actuelle, la propriété privée est déjà abolie pour les neuf dixièmes de la population

De a jelenlegi társadalmatokban a magántulajdon már megszűnt a lakosság kilenctizede számára

L'existence d'une propriété privée pour quelques-uns est uniquement due à sa non-existence entre les mains des neuf dixièmes de la population

A kevesek magántulajdonának létezése kizárólag annak köszönhető, hogy a lakosság kilenctizedének kezében nem létezik

Vous nous reprochez donc d'avoir l'intention de supprimer une forme de propriété

Ön tehát szemünkre veti, hogy meg akar szüntetni egy tulajdonformát

Mais la propriété privée nécessite l'inexistence de toute propriété pour l'immense majorité de la société

De a magántulajdon szükségessé teszi, hogy a társadalom túlnyomó többsége számára semmilyen tulajdon ne létezzen

En un mot, vous nous reprochez d'avoir l'intention de vous débarrasser de vos biens

Egyszóval szemrehányást tesz nekünk, hogy meg akarjuk szüntetni a tulajdonát

Et c'est précisément le cas ; se débarrasser de votre propriété est exactement ce que nous avons l'intention de faire

És pontosan így van; Az ingatlan megszüntetése pontosan az, amit szándékozunk

À partir du moment où le travail ne peut plus être converti en capital, en argent ou en rente

Attól a pillanattól kezdve, amikor a munkát már nem lehet tőkévé, pénzzé vagy bérleti díjjá alakítani

quand le travail ne peut plus être converti en un pouvoir social monopolisé

amikor a munkát már nem lehet monopolizálható társadalmi hatalommá alakítani

à partir du moment où la propriété individuelle ne peut plus être transformée en propriété bourgeoise

attól a pillanattól kezdve, amikor az egyéni tulajdon már nem alakítható át burzsoázia tulajdonná

à partir du moment où la propriété individuelle ne peut plus être transformée en capital

attól a pillanattól kezdve, amikor az egyéni tulajdont már nem lehet tőkévé alakítani

À partir de ce moment-là, vous dites que l'individualité s'évanouit

Ettől a pillanattól kezdve azt mondod, hogy az egyéniség eltűnik

Vous devez donc avouer que par « individu » vous n'entendez personne d'autre que la bourgeoisie

Meg kell tehát vallani, hogy "egyén" alatt nem mást értünk, mint a burzsoáziát

Vous devez avouer qu'il s'agit spécifiquement du propriétaire de la classe moyenne

Be kell vallania, hogy kifejezetten a középosztálybeli ingatlantulajdonosra vonatkozik

Cette personne doit, en effet, être balayée et rendue impossible

Ezt az embert valóban el kell söpörni az útból, és lehetetlenné kell tenni

Le communisme ne prive personne du pouvoir de s'approprier les produits de la société

A kommunizmus senkit sem foszt meg attól a hatalomtól, hogy kisajátítsa a társadalom termékeit

tout ce que fait le communisme, c'est de le priver du pouvoir de subjuguer le travail d'autrui au moyen d'une telle appropriation

a kommunizmus mindössze annyit tesz, hogy megfosztja őt attól a hatalomtól, hogy ilyen kisajátítással leigázza mások munkáját

On a objecté qu'avec l'abolition de la propriété privée, tout travail cesserait

Ellenvetésként elhangzott, hogy a magántulajdon eltörlésével minden munka megszűnik

et il est alors suggéré que la paresse universelle nous rattrapera

És akkor azt sugallják, hogy az egyetemes lustaság utolér minket

D'après cela, il y a longtemps que la société bourgeoise aurait dû aller aux chiens par pure oisiveté

Eszerint a burzsoázia társadalmának már régen puszta semmittevéssel kellett volna a kutyákhoz mennie

parce que ceux de ses membres qui travaillent, n'acquièrent rien

mert azok a tagjai, akik dolgoznak, semmit sem szereznek

et ceux de ses membres qui acquièrent quoi que ce soit, ne travaillent pas

és azok a tagjai, akik bármit megszereznek, nem dolgoznak

L'ensemble de cette objection n'est qu'une autre expression de la tautologie

Az egész ellenvetés csak a tautológia egy másik kifejeződése

Il ne peut plus y avoir de travail salarié quand il n'y a plus de capital

Nem létezhet többé bérmunka, ha nincs többé tőke

Il n'y a pas de différence entre les produits matériels et les produits mentaux

Nincs különbség az anyagi termékek és a mentális termékek között

Le communisme propose que les deux soient produits de la même manière

A kommunizmus azt javasolja, hogy mindkettőt ugyanúgy állítsák elő

mais les objections contre les modes communistes de production sont les mêmes

de az ellenvetések ezek előállításának kommunista módjai ellen ugyanazok

pour la bourgeoisie, la disparition de la propriété de classe est la disparition de la production elle-même

a burzsoázia számára az osztálytulajdon eltűnése magának a termelésnek az eltűnése;

Ainsi, la disparition de la culture de classe est pour lui identique à la disparition de toute culture

Tehát az osztálykultúra eltűnése számára azonos minden kultúra eltűnésével

Cette culture, dont il déplore la perte, n'est pour l'immense majorité qu'un simple entraînement à agir comme une machine

Ez a kultúra, amelynek elvesztését fájlalja, a hatalmas többség számára puszta képzés arra, hogy gépként működjön

Les communistes ont bien l'intention d'abolir la culture de la propriété bourgeoise

A kommunisták nagyon is meg akarják szüntetni a burzsoázia tulajdonának kultúráját

Mais ne vous querellez pas avec nous tant que vous appliquez les normes de vos notions bourgeoises de liberté, de culture, de droit, etc

De ne civakodj velünk mindaddig, amíg alkalmazod
burzsoáziád szabadságról, kultúráról, jogról stb. alkotott
fogalmainak mércéjét
**Vos idées mêmes ne sont que le résultat des conditions de
votre production bourgeoise et de la propriété bourgeoise**
Az Önök eszméi csak a burzsoázia termelése és a burzsoázia
tulajdona feltételeinek kinövései
**de même que votre jurisprudence n'est que la volonté de
votre classe érigée en loi pour tous**
Mint ahogy a jogtudományotok is más, mint osztályotok
akarata, amelyet mindenki számára törvénnyé tettek
**Le caractère essentiel et l'orientation de cette volonté sont
déterminés par les conditions économiques créées par votre
classe sociale**
Ennek az akaratnak a lényegi jellegét és irányát azok a
gazdasági feltételek határozzák meg, amelyeket társadalmi
osztályotok teremt
**L'idée fausse égoïste qui vous pousse à transformer les
formes sociales en lois éternelles de la nature et de la raison**
Az önző tévhit, amely arra késztet benneteket, hogy a
társadalmi formákat a természet és az értelem örök
törvényeivé alakítsátok át
**les formes sociales qui découlent de votre mode de
production et de votre forme de propriété actuels**
a jelenlegi termelési módotokból és tulajdonformátokból eredő
társadalmi formák
**des rapports historiques qui naissent et disparaissent dans le
progrès de la production**
történelmi kapcsolatok, amelyek emelkednek és eltűnnek a
termelés előrehaladásában
**cette idée fausse que vous partagez avec toutes les classes
dirigeantes qui vous ont précédés**
Ezt a tévhitet osztjátok meg minden uralkodó osztállyal,
amely előttetek volt

Ce que vous voyez clairement dans le cas de la propriété ancienne, ce que vous admettez dans le cas de la propriété féodale

Amit világosan látsz az ősi tulajdon esetében, amit elismersz a feudális tulajdon esetében

ces choses, il vous est bien entendu interdit de les admettre dans le cas de votre propre forme de propriété bourgeoise

ezeket a dolgokat természetesen tilos beismerni saját burzsoázia tulajdonformád esetében

Abolition de la famille ! Même les plus radicaux s'enflamment devant cette infâme proposition des communistes

A család megszüntetése! Még a legradikálisabbak is fellángolnak a kommunistáknak ezen a hírhedt javaslatán

Sur quelle base se fonde la famille actuelle, la famille bourgeoise ?

Milyen alapokra épül a jelenlegi család, a burzsoázia család?

La fondation de la famille actuelle est basée sur le capital et le gain privé

A jelenlegi család alapja a tőke és a személyes nyereség

Sous sa forme complètement développée, cette famille n'existe que dans la bourgeoisie

Teljesen fejlett formájában ez a család csak a burzsoázia körében létezik

Cet état de choses trouve son complément dans l'absence pratique de la famille chez les prolétaires

Ez a helyzet kiegészíti a család gyakorlati hiányát a proletárok között

Cet état de choses se retrouve dans la prostitution publique

Ez a helyzet megtalálható a nyilvános prostitúcióban

La famille bourgeoise disparaîtra d'office quand son effectif disparaîtra

A burzsoázia családja magától értetődően el fog tűnni, ha a komplementer eltűnik

et l'une et l'autre s'évanouiront avec la disparition du capital

és mindkét akarat el fog tűnni a tőke eltűnésével

Nous accusez-vous de vouloir mettre fin à l'exploitation des enfants par leurs parents ?

Azzal vádolnak bennünket, hogy meg akarjuk állítani a gyermekek szüleik általi kizsákmányolását?

Nous plaidons coupables de ce crime

Ebben a bűntettben bűnösnek valljuk magunkat

Mais, direz-vous, on détruit les relations les plus sacrées, quand on remplace l'éducation à domicile par l'éducation sociale

De azt fogják mondani, hogy elpusztítjuk a legszentebb kapcsolatokat, amikor az otthoni oktatást társadalmi neveléssel helyettesítjük

Votre éducation n'est-elle pas aussi sociale ? Et n'est-elle pas déterminée par les conditions sociales dans lesquelles vous éduquez ?

Az Ön oktatása nem is szociális? És nem azok a társadalmi feltételek határozzák meg, amelyek között oktatsz?

par l'intervention, directe ou indirecte, de la société, par le biais de l'école, etc.

a társadalom közvetlen vagy közvetett beavatkozásával, iskolák stb. révén.

Les communistes n'ont pas inventé l'intervention de la société dans l'éducation

Nem a kommunisták találták fel a társadalom beavatkozását az oktatásba

ils ne cherchent qu'à modifier le caractère de cette intervention

csak arra törekszenek, hogy megváltoztassák e beavatkozás jellegét

et ils cherchent à sauver l'éducation de l'influence de la classe dirigeante

és arra törekszenek, hogy megmentsék az oktatást az uralkodó osztály befolyásától

La bourgeoisie parle de la relation sacrée du parent et de l'enfant

A burzsoázia beszél a szülő és a gyermek megszentelt
kapcsolatáról
**mais ce baratin sur la famille et l'éducation devient d'autant
plus répugnant quand on regarde l'industrie moderne**
de ez a tapscsapda a családról és az oktatásról még
undorítóbbá válik, ha a modern ipart nézzük
**Tous les liens familiaux entre les prolétaires sont déchirés
par l'industrie moderne**
A proletárok között minden családi köteléket szétszakít a
modern ipar
**Leurs enfants sont transformés en simples objets de
commerce et en instruments de travail**
Gyermekeik egyszerű kereskedelmi cikkekké és
munkaeszközökké válnak
**Mais vous, communistes, vous créeriez une communauté de
femmes, crie en chœur toute la bourgeoisie**
De ti, kommunisták, nőközösséget hoznátok létre, kiáltja
kórusban az egész burzsoázia
**La bourgeoisie ne voit en sa femme qu'un instrument de
production**
A burzsoázia a feleségében puszta termelési eszközt lát
**Il entend dire que les instruments de production doivent
être exploités par tous**
Hallja, hogy a termelőeszközöket mindenkinek ki kell
használnia
**et, naturellement, il ne peut arriver à aucune autre
conclusion que celle d'être commun à tous retombera
également sur les femmes**
és természetesen nem vonhat le más következtetést, mint hogy
a mindenki számára közös sors hasonlóképpen a nőkre hárul
**Il ne soupçonne même pas qu'il s'agit en fait d'en finir avec
le statut de la femme en tant que simple instrument de
production**
Még csak sejtelme sincs arról, hogy a valódi cél a nők puszta
termelési eszközként betöltött státuszának felszámolása

Du reste, rien n'est plus ridicule que l'indignation vertueuse de notre bourgeoisie contre la communauté des femmes

Ami a többit illeti, semmi sem nevetségesebb, mint burzsoáziánk erényes felháborodása a nők közössége iránt

ils prétendent qu'elle doit être établie ouvertement et officiellement par les communistes

úgy tesznek, mintha a kommunisták nyíltan és hivatalosan létrehoznák

Les communistes n'ont pas besoin d'introduire la communauté des femmes, elle existe depuis des temps immémoriaux

A kommunistáknak nincs szükségük a női közösség bevezetésére, szinte időtlen idők óta létezik

Notre bourgeoisie ne se contente pas d'avoir à sa disposition les femmes et les filles de ses prolétaires

Burzsoáziánk nem elégszik meg azzal, hogy proletárjainak feleségei és leányai a rendelkezésükre állnak

Ils prennent le plus grand plaisir à séduire les femmes de l'autre

A legnagyobb örömüket lelik egymás feleségének elcsábításában

Et cela ne parle même pas des prostituées ordinaires

És akkor még nem is beszéltünk a közönséges prostituáltakról

Le mariage bourgeois est en réalité un système d'épouses en commun

A burzsoázia házassága valójában közös feleségrendszer

puis il y a une chose qu'on pourrait peut-être reprocher aux communistes

aztán van egy dolog, amivel a kommunistáknak esetleg szemrehányást tehetnek;

Ils souhaitent introduire une communauté de femmes ouvertement légalisée

Nyíltan legalizált női közösséget kívánnak bevezetni

plutôt qu'une communauté de femmes hypocritement dissimulée

a nők képmutatóan eltitkolt közössége helyett

la communauté des femmes issues du système de production
A termelési rendszerből fakadó női közösség
Abolissez le système de production, et vous abolissez la communauté des femmes
Szüntessék meg a termelési rendszert, és szüntessék meg a nők közösségét
La prostitution publique est abolie et la prostitution privée
mind az állami prostitúciót, mind a magánprostitúciót eltörlik
On reproche en outre aux communistes de vouloir abolir les pays et les nationalités
A kommunistáknak még több szemrehányást tesznek azzal, hogy országokat és nemzetiségeket akarnak eltörölni
Les travailleurs n'ont pas de patrie, nous ne pouvons donc pas leur prendre ce qu'ils n'ont pas
A dolgozóknak nincs hazájuk, ezért nem vehetjük el tőlük azt, amijük nem volt
Le prolétariat doit d'abord acquérir la suprématie politique
A proletariátusnak mindenekelőtt politikai fölényre kell szert tennie
Le prolétariat doit s'élever pour être la classe dirigeante de la nation
A proletariátusnak a nemzet vezető osztályává kell válnia
Le prolétariat doit se constituer en nation
A proletariátusnak nemzetté kell válnia
elle est, jusqu'à présent, elle-même nationale, mais pas dans le sens bourgeois du mot
eddig maga is nemzeti, bár nem a szó burzsoázia értelmében
Les différences nationales et les antagonismes entre les peuples s'estompent chaque jour davantage
A népek közötti nemzeti különbségek és ellentétek napról napra egyre inkább eltűnnek
grâce au développement de la bourgeoisie, à la liberté du commerce, au marché mondial
a burzsoázia fejlődése, a kereskedelem szabadsága, a világpiac révén

à l'uniformité du mode de production et des conditions de vie qui y correspondent

a termelési mód és az annak megfelelő életfeltételek egységessége

La suprématie du prolétariat les fera disparaître encore plus vite

A proletariátus felsőbbrendűsége miatt még gyorsabban el fognak tűnni

L'action unie, du moins dans les principaux pays civilisés, est une des premières conditions de l'émancipation du prolétariat

A proletariátus emancipációjának egyik első feltétele az egyesült cselekvés, legalábbis a vezető civilizált országok részéről

Dans la mesure où l'exploitation d'un individu par un autre prendra fin, l'exploitation d'une nation par une autre prendra également fin à

Amilyen mértékben véget vetünk az egyik egyén kizsákmányolásának a másik által, olyan mértékben szűnik meg az egyik nemzet kizsákmányolása a másik által

À mesure que l'antagonisme entre les classes à l'intérieur de la nation disparaîtra, l'hostilité d'une nation envers une autre prendra fin

Amilyen mértékben eltűnik a nemzeten belüli osztályok közötti ellentét, olyan mértékben szűnik meg az egyik nemzet ellenségessége a másikkal szemben

Les accusations portées contre le communisme d'un point de vue religieux, philosophique et, en général, idéologique, ne méritent pas d'être examinées sérieusement

A kommunizmus ellen vallási, filozófiai és általában ideológiai szempontból felhozott vádak nem érdemelnek komoly vizsgálatot

Faut-il une intuition profonde pour comprendre que les idées, les vues et les conceptions de l'homme changent à chaque changement dans les conditions de son existence matérielle ?

Mély intuícióra van-e szükség annak megértéséhez, hogy az ember eszméi, nézetei és elképzelései anyagi léte feltételeinek minden változásával változnak?

N'est-il pas évident que la conscience de l'homme change lorsque ses relations sociales et sa vie sociale changent ?

Nem nyilvánvaló-e, hogy az ember tudata megváltozik, amikor társadalmi kapcsolatai és társadalmi élete megváltozik?

Qu'est-ce que l'histoire des idées prouve d'autre, sinon que la production intellectuelle change de caractère à mesure que la production matérielle se modifie ?

Mi mást bizonyít az eszmetörténet, mint azt, hogy a szellemi termelés az anyagi termelés változásával arányosan változtatja meg jellegét?

Les idées dominantes de chaque époque ont toujours été les idées de sa classe dirigeante

Minden korszak uralkodó eszméi mindig is az uralkodó osztály eszméi voltak

Quand on parle d'idées qui révolutionnent la société, on n'exprime qu'un seul fait

Amikor az emberek olyan eszmékről beszélnek, amelyek forradalmasítják a társadalmat, csak egy tényt fejeznek ki

Au sein de l'ancienne société, les éléments d'une nouvelle société ont été créés

A régi társadalomban egy új elemei jöttek létre

et que la dissolution des vieilles idées va de pair avec la dissolution des anciennes conditions d'existence

és hogy a régi eszmék felbomlása lépést tart a régi létfeltételek felbomlásával

Lorsque le monde antique était dans ses dernières affresses, les anciennes religions ont été vaincues par le christianisme

Amikor az ókori világ utolsó tusáját élte, az ősi vallásokat legyőzte a kereszténység

Lorsque les idées chrétiennes ont succombé au XVIIIe siècle aux idées rationalistes, la société féodale a mené une bataille à mort contre la bourgeoisie alors révolutionnaire

Amikor a keresztény eszmék a 18. században megadták magukat a racionalista eszméknek, a feudális társadalom megvívta halálos csatáját az akkori forradalmi burzsoáziával

Les idées de liberté religieuse et de liberté de conscience n'ont fait qu'exprimer l'emprise de la libre concurrence dans le domaine de la connaissance

A vallásszabadság és a lelkiismereti szabadság eszméi csupán a tudás területén belüli szabad verseny uralmát fejezték ki

« Sans doute, dira-t-on, les idées religieuses, morales, philosophiques et juridiques ont été modifiées au cours du développement historique »

"Kétségtelen – mondják majd –, hogy a vallási, erkölcsi, filozófiai és jogi elképzelések a történelmi fejlődés során módosultak

Mais la religion, la morale, la philosophie, la science politique et le droit ont constamment survécu à ce changement.

"De a vallás, az erkölcs, a filozófia, a politikatudomány és a jog folyamatosan túlélte ezt a változást"

« Il y a aussi des vérités éternelles, telles que la Liberté, la Justice, etc. »

"Vannak örök igazságok is, mint például a szabadság, az igazságosság stb."

« Ces vérités éternelles sont communes à tous les états de la société »

"Ezek az örök igazságok közösek a társadalom minden állapotában"

« Mais le communisme abolit les vérités éternelles, il abolit toute religion et toute morale »

"De a kommunizmus eltörli az örök igazságokat, eltöröl minden vallást és minden erkölcsöt"

« il fait cela au lieu de les constituer sur une nouvelle base »

"Ezt teszi ahelyett, hogy új alapokra helyezné őket"

« Elle agit donc en contradiction avec toute l'expérience historique passée »

"Ezért ellentmond minden múltbeli történelmi tapasztalatnak"

À quoi se réduit cette accusation ?

Mire redukálódik ez a vád?

L'histoire de toute la société passée a consisté dans le développement d'antagonismes de classe

Az összes múltbeli társadalom története az osztályellentétek kialakulásában állt

antagonismes qui ont pris des formes différentes selon les époques

antagonizmusok, amelyek különböző korszakokban különböző formákat öltöttek

Mais quelle que soit la forme qu'ils aient prise, un fait est commun à tous les âges passés

De bármilyen formát öltsenek is, egy tény közös minden elmúlt korszakban

l'exploitation d'une partie de la société par l'autre

a társadalom egyik részének kizsákmányolása a másik által;

Il n'est donc pas étonnant que la conscience sociale des âges passés se meuve à l'intérieur de certaines formes communes ou d'idées générales

Nem csoda tehát, hogy az elmúlt korok társadalmi tudata bizonyos közös formákon vagy általános eszméken belül mozog

(et ce, malgré toute la multiplicité et la variété qu'il affiche)

(és ez annak ellenére van, hogy milyen sokféle és változatos képet mutat)

et ceux-ci ne peuvent disparaître complètement qu'avec la disparition totale des antagonismes de classe

és ezek csak az osztályellentétek teljes eltűnésével tűnhetnek el teljesen;

La révolution communiste est la rupture la plus radicale avec les rapports de propriété traditionnels

A kommunista forradalom a legradikálisabb szakítás a hagyományos tulajdonviszonyokkal

Il n'est donc pas étonnant que son développement implique la rupture la plus radicale avec les idées traditionnelles

Nem csoda, hogy fejlődése a legradikálisabb szakítást jelenti a hagyományos eszmékkel

Mais finissons-en avec les objections de la bourgeoisie contre le communisme

De végezzünk a burzsoáziának a kommunizmussal szembeni ellenvetéseivel

Nous avons vu plus haut le premier pas de la révolution de la classe ouvrière

Láttuk fent a munkásosztály forradalmának első lépését

Le prolétariat doit être élevé à la position de dirigeant, pour gagner la bataille de la démocratie

A proletariátust uralkodó pozícióba kell emelni, hogy megnyerje a demokrácia csatáját

Le prolétariat usera de sa suprématie politique pour arracher peu à peu tout le capital à la bourgeoisie

A proletariátus arra fogja használni politikai felsőbbrendűségét, hogy fokozatosan kiragadja az összes tőkét a burzsoáziából

elle centralisera tous les instruments de production entre les mains de l'État

központosítja az összes termelőeszközt az állam kezében

En d'autres termes, le prolétariat s'est organisé en classe dominante

Más szóval, a proletariátus uralkodó osztályként szerveződött

et elle augmentera le plus rapidement possible le total des forces productives

és a lehető leggyorsabban növelni fogja a termelőerők összességét

Bien sûr, au début, cela ne peut se faire qu'au moyen d'incursions despotiques dans les droits de propriété

Természetesen kezdetben ez csak a tulajdonjogok despotikus megsértésével érhető el

et elle doit être réalisée dans les conditions de la production bourgeoise

és ezt a burzsoázia termelésének feltételei mellett kell elérni

Elle est donc réalisée au moyen de mesures qui semblent économiquement insuffisantes et intenables
ezért olyan intézkedésekkel érhető el, amelyek gazdaságilag elégtelennek és tarthatatlannak tűnnek
mais ces moyens, dans le cours du mouvement, se dépassent d'eux-mêmes
De ezek az eszközök a mozgalom során meghaladják magukat
elles nécessitent de nouvelles incursions dans l'ancien ordre social
szükségessé teszik a régi társadalmi rend további megsértését
et ils sont inévitables comme moyen de révolutionner entièrement le mode de production
és elkerülhetetlenek, mint a termelési mód teljes forradalmasításának eszközei
Ces mesures seront bien sûr différentes selon les pays
Ezek az intézkedések természetesen eltérőek lesznek a különböző országokban
Néanmoins, dans les pays les plus avancés, ce qui suit sera assez généralement applicable
Mindazonáltal a legfejlettebb országokban a következők meglehetősen általánosan alkalmazhatók
1. L'abolition de la propriété foncière et l'affectation de toutes les rentes foncières à des fins publiques.
1. A földtulajdon megszüntetése és minden földbérlet közcélokra történő alkalmazása.
2. Un impôt sur le revenu progressif ou progressif lourd.
2. Súlyos progresszív vagy sávos jövedelemadó.
3. Abolition de tout droit d'héritage.
3. Minden öröklési jog eltörlése.
4. Confiscation des biens de tous les émigrés et rebelles.
4. Az összes kivándorló és lázadó vagyonának elkobzása.
5. Centralisation du crédit entre les mains de l'État, au moyen d'une banque nationale à capital d'État et monopole exclusif.
5. A hitel központosítása az állam kezében, állami tőkével és kizárólagos monopóliummal rendelkező nemzeti bank révén.

6. Centralisation des moyens de communication et de transport entre les mains de l'État.

6. A kommunikációs és közlekedési eszközök központosítása az állam kezében.

7. Extension des usines et des instruments de production appartenant à l'État

7. Az állam tulajdonában lévő gyárak és termelőeszközök bővítése

la mise en culture des terres incultes, et l'amélioration du sol en général d'après un plan commun.

a parlagon heverő területek művelés alá vonása és általában a talaj javítása egy közös terv szerint.

8. Responsabilité égale de tous vis-à-vis du travail

8. Mindenki egyenlő felelősséggel tartozik a munkával szemben

Mise en place d'armées industrielles, notamment pour l'agriculture.

Ipari hadseregek létrehozása, különösen a mezőgazdaság számára.

9. Combinaison de l'agriculture et des industries manufacturières

9. A mezőgazdaság és a feldolgozóipar összekapcsolása

l'abolition progressive de la distinction entre la ville et la campagne, par une répartition plus égale de la population sur le territoire.

a város és a falu közötti megkülönböztetés fokozatos megszüntetése a lakosság egyenlőbb eloszlásával az országban.

10. Gratuité de l'éducation pour tous les enfants dans les écoles publiques.

10. Ingyenes oktatás minden gyermek számára az állami iskolákban.

Abolition du travail des enfants dans les usines sous sa forme actuelle

A gyermekek gyári munkájának eltörlése jelenlegi formájában

Combinaison de l'éducation et de la production industrielle

Az oktatás és az ipari termelés kombinációja
**Quand, au cours du développement, les distinctions de
classe ont disparu**
Amikor a fejlődés során eltűntek az osztálykülönbségek
**et quand toute la production aura été concentrée entre les
mains d'une vaste association de toute la nation**
és amikor minden termelés az egész nemzet hatalmas
szövetségének kezében összpontosult
alors la puissance publique perdra son caractère politique
Akkor a közhatalom elveszíti politikai jellegét
**Le pouvoir politique, proprement dit, n'est que le pouvoir
organisé d'une classe pour en opprimer une autre**
A politikai hatalom, helyesen így nevezve, nem más, mint az
egyik osztály szervezett hatalma a másik elnyomására
**Si le prolétariat, dans sa lutte contre la bourgeoisie, est
contraint, par la force des choses, de s'organiser en classe**
Ha a proletariátus a burzsoáziával folytatott harca során a
körülmények erejénél fogva arra kényszerül, hogy osztályként
szerveződjön
si, par une révolution, elle se fait la classe dominante
ha forradalom útján uralkodó osztállyá teszi magát
**et, en tant que telle, elle balaie par la force les anciennes
conditions de production**
és mint ilyen, erőszakkal elsöpri a termelés régi feltételeit
**alors, avec ces conditions, elle aura balayé les conditions
d'existence des antagonismes de classes et des classes en
général**
akkor ezekkel a feltételekkel együtt elsöpörte volna az
osztályellentétek és általában az osztályok létezésének
feltételeit
et aura ainsi aboli sa propre suprématie en tant que classe.
és ezáltal eltörli saját felsőbbrendűségét, mint osztályt.
**A la place de l'ancienne société bourgeoise, avec ses classes
et ses antagonismes de classes, nous aurons une association**
A régi burzsoázia társadalma helyett, annak osztályaival és
osztályellentéteivel, egyesületünk lesz

une association dans laquelle le libre développement de chacun est la condition du libre développement de tous

olyan társulás, amelyben mindenki szabad fejlődése mindenki szabad fejlődésének feltétele

1) Le socialisme réactionnaire
1) Reakciós szocializmus

a) Le socialisme féodal
a) Feudális szocializmus

les aristocraties de France et d'Angleterre avaient une position historique unique
Franciaország és Anglia arisztokráciái egyedülálló történelmi helyzetben voltak
c'est devenu leur vocation d'écrire des pamphlets contre la société bourgeoise moderne
hivatásukká vált, hogy röpiratokat írjanak a modern burzsoázia társadalma ellen
Dans la révolution française de juillet 1830 et dans l'agitation réformiste anglaise
Az 1830. júliusi francia forradalomban és az angol reformagitációban
Ces aristocraties succombèrent de nouveau à l'odieux parvenu
Ezek az arisztokráciák ismét megadták magukat a gyűlöletes felemelkedésnek
Dès lors, il n'était plus question d'une lutte politique sérieuse
Ettől kezdve a komoly politikai versengés szóba sem jöhetett
Tout ce qui restait possible, c'était une bataille littéraire, pas une véritable bataille
Csak irodalmi csata maradt lehetséges, nem tényleges csata
Mais même dans le domaine de la littérature, les vieux cris de la période de la restauration étaient devenus impossibles
De még az irodalom területén is lehetetlenné váltak a restauráció korának régi kiáltásai
Pour s'attirer la sympathie, l'aristocratie était obligée de perdre de vue, semble-t-il, ses propres intérêts
Az együttérzés felkeltése érdekében az arisztokrácia kénytelen volt szem elől téveszteni, nyilvánvalóan saját érdekeiket

et ils ont été obligés de formuler leur réquisitoire contre la bourgeoisie dans l'intérêt de la classe ouvrière exploitée

és kénytelenek voltak a burzsoázia elleni vádiratukat a kizsákmányolt munkásosztály érdekében megfogalmazni

C'est ainsi que l'aristocratie prit sa revanche en chantant des pamphlets sur son nouveau maître

Így az arisztokrácia bosszút állt azzal, hogy gúnyolódásokat énekelt új mesterüknek

et ils prirent leur revanche en lui murmurant à l'oreille de sinistres prophéties de catastrophe à venir

És bosszút álltak azzal, hogy baljós próféciákat suttogtak a fülébe a közelgő katasztrófáról

C'est ainsi qu'est né le socialisme féodal : moitié lamentation, moitié moquerie

Így jött létre a feudális szocializmus: félig siránkozás, félig gúnyolódás

Il sonnait comme un demi-écho du passé, et projetait une demi-menace de l'avenir

félig a múlt visszhangjaként hangzott, félig pedig a jövő fenyegetéseként

parfois, par sa critique acerbe, spirituelle et incisive, il frappait la bourgeoisie au plus profond de lui-même

olykor keserű, szellemes és éles kritikájával szívvel-lélekkel sújtotta a burzsoáziát

mais elle a toujours été ridicule dans son effet, par l'incapacité totale de comprendre la marche de l'histoire moderne

de mindig nevetséges volt a hatása, mivel teljesen képtelen volt megérteni a modern történelem menetét

L'aristocratie, pour rallier le peuple à elle, agitait le sac d'aumône prolétarien en guise de bannière

Az arisztokrácia, hogy összegyűjtse az embereket, a proletár alamizsnazsákot egy zászló előtt intette

Mais le peuple, toutes les fois qu'il se joignait à lui, voyait sur son arrière-train les anciennes armoiries féodales

De a nép, olyan gyakran, amikor csatlakozott hozzájuk, látta a
hátsó negyedükön a régi feudális címereket
et ils désertèrent avec des rires bruyants et irrévérencieux
és hangos és tiszteletlen nevetéssel dezertáltak
Une partie des légitimistes français et de la « Jeune
Angleterre » offrit ce spectacle
A francia legitimisták és az "Ifjú Anglia" egyik szekciója
kiállította ezt a látványt
les féodaux ont fait remarquer que leur mode d'exploitation
était différent de celui de la bourgeoisie
a feudalisták rámutattak, hogy kizsákmányolási módjuk
különbözik a burzsoáziáétól
Les féodaux oublient qu'ils ont exploité dans des
circonstances et des conditions tout à fait différentes
A feudalisták elfelejtik, hogy egészen más körülmények között
és körülmények között használták ki
Et ils n'ont pas remarqué que de telles méthodes
d'exploitation sont maintenant désuètes
És nem vették észre, hogy az ilyen kizsákmányolási
módszerek ma már elavultak
Ils ont montré que, sous leur domination, le prolétariat
moderne n'a jamais existé
Megmutatták, hogy uralmuk alatt a modern proletariátus soha
nem létezett
mais ils oublient que la bourgeoisie moderne est le produit
nécessaire de leur propre forme de société
de elfelejtik, hogy a modern burzsoázia saját társadalmi
formájának szükséges utódja
Pour le reste, ils dissimulent à peine le caractère
réactionnaire de leur critique
Egyébként aligha rejtik véka alá kritikájuk reakciós jellegét
Leur principale accusation contre la bourgeoisie se résume à
ceci
fő vádjuk a burzsoázia ellen a következő:
sous le régime bourgeois, une classe sociale se développe
a burzsoázia uralma alatt társadalmi osztály alakul ki

Cette classe sociale est destinée à découper de fond en comble l'ancien ordre de la société

Ennek a társadalmi osztálynak az a rendeltetése, hogy gyökerestül szétzúzza a társadalom régi rendjét

Ce qu'ils reprochent à la bourgeoisie, ce n'est pas tant qu'elle crée un prolétariat

Nem annyira azzal nevelik a burzsoáziát, hogy proletariátust teremt

ce qu'ils reprochent à la bourgeoisie, c'est plutôt de créer un prolétariat révolutionnaire

amivel a burzsoáziát nevelik, az inkább az, hogy forradalmi proletariátust hoz létre

Dans la pratique politique, ils se joignent donc à toutes les mesures coercitives contre la classe ouvrière

A politikai gyakorlatban ezért csatlakoznak a munkásosztály elleni minden kényszerítő intézkedéshez

Et dans la vie ordinaire, malgré leurs phrases hautaines, ils s'abaissent à ramasser les pommes d'or tombées de l'arbre de l'industrie

És a hétköznapi életben, magas falutin kifejezéseik ellenére, lehajolnak, hogy felvegyék az ipar fájáról leesett aranyalmákat

et ils troquent la vérité, l'amour et l'honneur contre le commerce de la laine, du sucre de betterave et de l'eau-de-vie de pommes de terre

és elcserélik az igazságot, a szeretetet és a becsületet a gyapjú-, céklacukor- és burgonyapárlat kereskedelméért

De même que le pasteur a toujours marché main dans la main avec le propriétaire foncier, il en a été de même du socialisme clérical et du socialisme féodal

Ahogy a plébános mindig kéz a kézben járt a földesúrral, úgy járt a klerikális szocializmus a feudális szocializmussal

Rien n'est plus facile que de donner à l'ascétisme chrétien une teinte socialiste

Semmi sem könnyebb, mint szocialista színezetet adni a keresztény aszketizmusnak

Le christianisme n'a-t-il pas déclamé contre la propriété privée, contre le mariage, contre l'État ?

A kereszténység nem a magántulajdon, a házasság, az állam ellen emelt-e szót?

Le christianisme n'a-t-il pas prêché à la place de la charité et de la pauvreté ?

Nem a kereszténység prédikált-e ezek helyett, a szeretetet és a szegénységet?

Le christianisme ne prêche-t-il pas le célibat et la mortification de la chair, de la vie monastique et de l'Église mère ?

A kereszténység nem a cölibátust és a test sanyargatását, a szerzetesi életet és az Anyaszentegyházat hirdeti?

Le socialisme chrétien n'est que l'eau bénite avec laquelle le prêtre consacre les brûlures du cœur de l'aristocrate

A keresztényszocializmus nem más, mint a szenteltvíz, amellyel a pap megszenteli az arisztokrata szívégését

b) Le socialisme petit-bourgeois
b) Kispolgári szocializmus

L'aristocratie féodale n'est pas la seule classe ruinée par la bourgeoisie
A feudális arisztokrácia nem volt az egyetlen osztály, amelyet a burzsoázia tönkretett
ce n'était pas la seule classe dont les conditions d'existence languissaient et périssaient dans l'atmosphère de la société bourgeoise moderne
nem ez volt az egyetlen osztály, amelynek létfeltételei a modern burzsoázia társadalmának légkörében rögzültek és pusztultak el
Les bourgeois médiévaux et les petits propriétaires paysans ont été les précurseurs de la bourgeoisie moderne
A középkori burgessek és a kisparaszti birtokosok voltak a modern burzsoázia előfutárai
Dans les pays peu développés, tant au point de vue industriel que commercial, ces deux classes végètent encore côte à côte
Azokban az országokban, amelyek iparilag és kereskedelmileg kevéssé fejlettek, ez a két osztály még mindig egymás mellett vegetál
et pendant ce temps, la bourgeoisie se lève à côté d'eux : industriellement, commercialement et politiquement
és közben a burzsoázia felemelkedik mellettük: iparilag, kereskedelmileg és politikailag
Dans les pays où la civilisation moderne s'est pleinement développée, une nouvelle classe de petite bourgeoisie s'est formée
Azokban az országokban, ahol a modern civilizáció teljesen kifejlődött, a kispolgárság új osztálya alakult ki
cette nouvelle classe sociale oscille entre le prolétariat et la bourgeoisie
ez az új társadalmi osztály a proletariátus és a burzsoázia között ingadozik

et elle se renouvelle sans cesse en tant que partie
supplémentaire de la société bourgeoise
és a burzsoázia társadalmának kiegészítő részeként mindig
megújul
**Cependant, les membres individuels de cette classe sont
constamment précipités dans le prolétariat**
Ennek az osztálynak az egyes tagjait azonban állandóan
letaszítják a proletariátusba
**ils sont aspirés par le prolétariat par l'action de la
concurrence**
a proletariátus felszívja őket a verseny tevékenységén
keresztül
**Au fur et à mesure que l'industrie moderne se développe, ils
voient même approcher le moment où ils disparaîtront
complètement en tant que section indépendante de la société
moderne**
Ahogy a modern ipar fejlődik, még azt a pillanatot is
közeledik, amikor a modern társadalom független részeként
teljesen eltűnik
**ils seront remplacés, dans les manufactures, l'agriculture et
le commerce, par des surveillants, des huissiers et des
boutiquiers**
Ezeket a manufaktúrákban, a mezőgazdaságban és a
kereskedelemben felügyelők, végrehajtók és kereskedők
fogják helyettesíteni
**Dans des pays comme la France, où les paysans représentent
bien plus de la moitié de la population**
Olyan országokban, mint Franciaország, ahol a parasztok a
lakosság több mint felét teszik ki
**il était naturel qu'il y ait des écrivains qui se rangent du côté
du prolétariat contre la bourgeoisie**
természetes volt, hogy vannak írók, akik a proletariátus
oldalára álltak a burzsoáziával szemben
**dans leur critique du régime bourgeois, ils utilisaient
l'étendard de la bourgeoisie paysanne et de la petite
bourgeoisie**

a burzsoázia rendszerének kritikájában a paraszti és kispolgári
színvonalat használták
et, du point de vue de ces classes intermédiaires, ils
prennent le relais de la classe ouvrière
és ezeknek a köztes osztályoknak a szemszögéből veszik fel a
munkásosztály ölelését
C'est ainsi qu'est né le socialisme petit-bourgeois, dont
Sismondi était le chef de cette école, non seulement en
France, mais aussi en Angleterre
Így jött létre a kispolgári szocializmus, amelynek Sismondi
volt a feje, nemcsak Franciaországban, hanem Angliában is
Cette école du socialisme a disséqué avec une grande acuité
les contradictions des conditions de la production moderne
A szocializmusnak ez az iskolája nagy élességgel boncolgatta a
modern termelés feltételeinek ellentmondásait
Cette école a mis à nu les excuses hypocrites des économistes
Ez az iskola leleplezte a közgazdászok képmutató
mentegetőzését
Cette école prouva sans conteste les effets désastreux du
machinisme et de la division du travail
Ez az iskola vitathatatlanul bebizonyította a gépek és a
munkamegosztás katasztrofális hatásait
elle prouvait la concentration du capital et de la terre entre
quelques mains
Bebizonyította, hogy a tőke és a föld néhány kézben
koncentrálódik
elle a prouvé comment la surproduction conduit à des crises
bourgeoises
bebizonyította, hogy a túltermelés burzsoázia válságokhoz
vezet
il soulignait la ruine inévitable de la petite bourgeoisie et
des paysans
rámutatott a kispolgárság és paraszt elkerülhetetlen
pusztulására
la misère du prolétariat, l'anarchie de la production, les
inégalités criantes dans la répartition des richesses

A proletariátus nyomorúsága, a termelés anarchiája, a javak elosztásának kiáltó egyenlőtlenségei

Il a montré comment le système de production mène la guerre industrielle d'extermination entre les nations
Megmutatta, hogy a termelési rendszer hogyan vezeti a nemzetek közötti ipari megsemmisítési háborút

la dissolution des vieux liens moraux, des vieilles relations familiales, des vieilles nationalités
a régi erkölcsi kötelékek, a régi családi viszonyok, a régi nemzetiségek felbomlása

Dans ses objectifs positifs, cependant, cette forme de socialisme aspire à réaliser l'une des deux choses suivantes
Pozitív céljaiban azonban a szocializmusnak ez a formája két dolog egyikét kívánja elérni

soit elle vise à restaurer les anciens moyens de production et d'échange
vagy a régi termelési és csereeszközök visszaállítására törekszik

et avec les anciens moyens de production, elle rétablirait les anciens rapports de propriété et l'ancienne société
és a régi termelőeszközökkel helyreállítaná a régi tulajdonviszonyokat és a régi társadalmat

ou bien elle vise à enfermer les moyens modernes de production et d'échange dans l'ancien cadre des rapports de propriété
vagy arra törekszik, hogy a modern termelési és csereeszközöket a tulajdonviszonyok régi kereteibe szorítsa

Dans un cas comme dans l'autre, elle est à la fois réactionnaire et utopique
Mindkét esetben reakciós és utópisztikus

Ses derniers mots sont : guildes corporatives pour la fabrication, relations patriarcales dans l'agriculture
Utolsó szavai: vállalati céhek a manufaktúrákhoz, patriarchális kapcsolatok a mezőgazdaságban

En fin de compte, lorsque les faits historiques obstinés ont dispersé tous les effets enivrants de l'auto-tromperie

Végül, amikor a makacs történelmi tények eloszlatták az
önámítás minden mámorító hatását
**cette forme de socialisme se termina par un misérable accès
de pitié**
a szocializmusnak ez a formája a szánalom nyomorúságos
rohamával végződött

c) Le socialisme allemand, ou « vrai »
c) Német vagy "igazi" szocializmus

La littérature socialiste et communiste de France est née sous la pression d'une bourgeoisie au pouvoir
Franciaország szocialista és kommunista irodalma a hatalmon lévő burzsoázia nyomása alatt keletkezett
Et cette littérature était l'expression de la lutte contre ce pouvoir
És ez az irodalom az e hatalom elleni küzdelem kifejeződése volt
elle a été introduite en Allemagne à une époque où la bourgeoisie venait de commencer sa lutte contre l'absolutisme féodal
akkor vezették be Németországba, amikor a burzsoázia éppen megkezdte a feudális abszolutizmussal folytatott harcát
Les philosophes allemands, les prétendus philosophes et les beaux esprits, s'emparèrent avidement de cette littérature
A német filozófusok, leendő filozófusok és beaux espritek mohón ragadták meg ezt az irodalmat
mais ils oubliaient que les écrits avaient émigré de France en Allemagne sans apporter avec eux les conditions sociales françaises
de elfelejtették, hogy az írások Franciaországból vándoroltak Németországba anélkül, hogy magukkal hozták volna a francia társadalmi viszonyokat
Au contact des conditions sociales allemandes, cette littérature française perd toute sa signification pratique immédiate
A német társadalmi viszonyokkal érintkezve ez a francia irodalom elvesztette minden közvetlen gyakorlati jelentőségét
et la littérature communiste de France a pris un aspect purement littéraire dans les cercles académiques allemands
és a francia kommunista irodalom tisztán irodalmi jelleget öltött német akadémiai körökben

Ainsi, les exigences de la première Révolution française n'étaient rien d'autre que les exigences de la « raison pratique »

Így az első francia forradalom követelései nem voltak mások, mint a "gyakorlati ész" követelései

et l'expression de la volonté de la bourgeoisie française révolutionnaire signifiait à leurs yeux la loi de la volonté pure

és a forradalmi francia burzsoázia akaratának kimondása a tiszta akarat törvényét jelentette a szemükben

il signifiait la Volonté telle qu'elle devait être ; de la vraie Volonté humaine en général

úgy jelezte az akaratot, amilyennek lennie kellett; az igaz emberi akarat általában;

Le monde des lettrés allemands ne consistait qu'à mettre les nouvelles idées françaises en harmonie avec leur ancienne conscience philosophique

A német literátusok világa kizárólag abból állt, hogy az új francia eszméket összhangba hozza ősi filozófiai lelkiismeretükkel

ou plutôt, ils ont annexé les idées françaises sans déserter leur propre point de vue philosophique

vagy inkább csatolták a francia eszméket anélkül, hogy elhagyták volna saját filozófiai nézőpontjukat

Cette annexion s'est faite de la même manière que l'on s'approprie une langue étrangère, c'est-à-dire par la traduction

Ez az annektálás ugyanúgy történt, mint egy idegen nyelv kisajátítása, nevezetesen fordítás útján

Il est bien connu comment les moines ont écrit des vies stupides de saints catholiques sur des manuscrits

Jól ismert, hogy a szerzetesek hogyan írták a katolikus szentek ostoba életét a kéziratok fölé

les manuscrits sur lesquels les œuvres classiques de l'ancien paganisme avaient été écrites

A kéziratok, amelyekre az ókori pogányság klasszikus műveit
írták

**Les lettrés allemands ont inversé ce processus avec la
littérature française profane**

A német literátusok megfordították ezt a folyamatot a profán
francia irodalommal

**Ils ont écrit leurs absurdités philosophiques sous l'original
français**

Filozófiai ostobaságaikat a francia eredeti alá írták

**Par exemple, sous la critique française des fonctions
économiques de l'argent, ils ont écrit « L'aliénation de
l'humanité »**

Például a pénz gazdasági funkcióinak francia kritikája alatt
megírták "Az emberiség elidegenedése"

**au-dessous de la critique française de l'État bourgeois, ils
écrivaient « détrônement de la catégorie du général »**

a burzsoázia államának francia kritikája alatt azt írták, hogy "a
tábornok kategóriájának trónfosztása"

**L'introduction de ces phrases philosophiques à la fin des
critiques historiques françaises qu'ils ont baptisées :**

Ezeknek a filozófiai kifejezéseknek a bevezetése az általuk
nevezett francia történelmi kritikák hátulján:

**« Philosophie de l'action », « Vrai socialisme », « Science
allemande du socialisme », « Fondement philosophique du
socialisme », etc**

"A cselekvés filozófiája", "Az igazi szocializmus", "A
szocializmus német tudománya", "A szocializmus filozófiai
alapja" és így tovább

**La littérature socialiste et communiste française est ainsi
complètement émasculée**

A francia szocialista és kommunista irodalom így teljesen
elférfiasodott

**entre les mains des philosophes allemands, elle cessa
d'exprimer la lutte d'une classe contre l'autre**

a német filozófusok kezében megszűnt kifejezni az egyik
osztály küzdelmét a másikkal

et c'est ainsi que les philosophes allemands se sentaient conscients d'avoir surmonté « l'unilatéralité française »

és így a német filozófusok tudatában voltak annak, hogy legyőzték a "francia egyoldalúságot"

Il n'avait pas à représenter de vraies exigences, mais plutôt des exigences de vérité

Nem kellett valódi követelményeket képviselnie, hanem az igazság követelményeit

il n'y avait pas d'intérêt pour le prolétariat, mais plutôt pour la nature humaine

nem volt érdeklődés a proletariátus iránt, inkább az emberi természet iránt érdeklődött

l'intérêt était dans l'Homme en général, qui n'appartient à aucune classe et n'a pas de réalité

az érdeklődés általában az Ember iránt irányult, aki nem tartozik egyetlen osztályhoz sem, és nincs realitása

un homme qui n'existe que dans le royaume brumeux de la fantaisie philosophique

Egy ember, aki csak a filozófiai fantázia ködös birodalmában létezik

mais finalement, ce socialisme allemand d'écolier perdit aussi son innocence pédante

de végül ez az iskolás német szocializmus is elvesztette pedáns ártatlanságát

la bourgeoisie allemande, et surtout la bourgeoisie prussienne, luttait contre l'aristocratie féodale

a német burzsoázia és különösen a porosz burzsoázia harcolt a feudális arisztokrácia ellen

la monarchie absolue de l'Allemagne et de la Prusse était également combattue

Németország és Poroszország abszolút monarchiáját is támadták

Et à son tour, la littérature du mouvement libéral est également devenue plus sérieuse

És viszont a liberális mozgalom irodalma is komolyabbá vált

L'Allemagne a eu l'occasion longtemps souhaitée par le « vrai » socialisme de se voir offrir
Németország régóta áhított lehetősége az "igazi" szocializmusra kínálkozott;
l'occasion de confronter le mouvement politique aux revendications socialistes
a politikai mozgalom szembesítésének lehetősége a szocialista követelésekkel
l'occasion de jeter les anathèmes traditionnels contre le libéralisme
a liberalizmus elleni hagyományos anatémák dobásának lehetősége
l'occasion d'attaquer le gouvernement représentatif et la concurrence bourgeoise
a képviseleti kormány és a burzsoázia versenyének megtámadásának lehetősége
Liberté de la presse bourgeoise, législation bourgeoise, liberté et égalité bourgeoise
Burzsoázia sajtószabadsága, burzsoázia törvényhozása, burzsoázia szabadsága és egyenlősége
Tout cela pourrait maintenant être critiqué dans le monde réel, plutôt que dans la fantaisie
Mindezeket most már inkább a való világban lehetne kritizálni, mint a fantáziában
L'aristocratie féodale et la monarchie absolue prêchaient depuis longtemps aux masses
A feudális arisztokrácia és az abszolút monarchia már régóta prédikált a tömegeknek
« L'ouvrier n'a rien à perdre, et il a tout à gagner »
"A dolgozó embernek nincs vesztenivalója, és mindent nyerhet"
le mouvement bourgeois offrait aussi une chance de se confronter à ces platitudes
a burzsoázia mozgalom is lehetőséget kínált arra, hogy szembenézzen ezekkel a közhelyekkel

la critique française présupposait l'existence d'une société bourgeoise moderne
a francia kritika feltételezte a modern burzsoázia társadalmának létezését
Conditions économiques d'existence de la bourgeoisie et constitution politique de la bourgeoisie
A burzsoázia gazdasági létfeltételei és a burzsoázia politikai alkotmánya
les choses mêmes dont la réalisation était l'objet de la lutte imminente en Allemagne
éppen azokat a dolgokat, amelyek elérése a Németországban függőben lévő harc tárgya volt
L'écho stupide du socialisme en Allemagne a abandonné ces objectifs juste à temps
Németország ostoba visszhangja a szocializmusról éppen az idő múlásával hagyta el ezeket a célokat
Les gouvernements absolus avaient leur suite de pasteurs, de professeurs, d'écuyers de campagne et de fonctionnaires
Az abszolút kormányok követték a plébánosokat, professzorokat, vidéki mókusokat és tisztviselőket
le gouvernement de l'époque a répondu aux soulèvements de la classe ouvrière allemande par des coups de fouet et des balles
az akkori kormány korbácsolással és golyókkal válaszolt a német munkásosztály felkelésére
pour eux, ce socialisme était un épouvantail bienvenu contre la bourgeoisie menaçante
számukra ez a szocializmus üdvözlendő madárijesztőként szolgált a fenyegető burzsoázia ellen
et le gouvernement allemand a pu offrir un dessert sucré après les pilules amères qu'il a distribuées
és a német kormány édes desszertet tudott kínálni az általa kiosztott keserű tabletták után
ce « vrai » socialisme servait donc aux gouvernements d'arme pour combattre la bourgeoisie allemande

ez az "igazi" szocializmus tehát fegyverként szolgált a
kormányoknak a német burzsoázia elleni harcban
**et, en même temps, il représentait directement un intérêt
réactionnaire ; celle des Philistins allemands**
ugyanakkor közvetlenül reakciós érdeket képviselt; a német
filiszteusé;
**En Allemagne, la petite bourgeoisie est la véritable base
sociale de l'état de choses actuel**
Németországban a kispolgári osztály a fennálló helyzet valódi
társadalmi alapja
**une relique du XVIe siècle qui n'a cessé de surgir sous
diverses formes**
A tizenhatodik század emléke, amely folyamatosan felbukkan
különböző formákban
**Conserver cette classe, c'est préserver l'état de choses
existant en Allemagne**
Ennek az osztálynak a megőrzése azt jelenti, hogy megőrizzük
a dolgok jelenlegi állapotát Németországban
**La suprématie industrielle et politique de la bourgeoisie
menace la petite bourgeoisie d'une destruction certaine**
A burzsoázia ipari és politikai felsőbbrendűsége biztos
pusztulással fenyegeti a kispolgárságot
**d'une part, elle menace de détruire la petite bourgeoisie par
la concentration du capital**
egyrészt azzal fenyeget, hogy a tőke koncentrációja révén
elpusztítja a kispolgárságot
**d'autre part, la bourgeoisie menace de la détruire par
l'avènement d'un prolétariat révolutionnaire**
másrészt a burzsoázia azzal fenyeget, hogy a forradalmi
proletariátus felemelkedésével elpusztítja
**Le « vrai » socialisme semblait faire d'une pierre deux coups.
Il s'est répandu comme une épidémie**
Úgy tűnt, hogy az "igazi" szocializmus egy csapásra megölte
ezt a két madarat. Úgy terjedt, mint egy járvány
**La robe de toiles d'araignées spéculatives, brodée de fleurs
de rhétorique, trempée dans la rosée du sentiment maladif**

A spekulatív pókhálók köntöse, a retorika virágaival hímezve, beteges érzelmek harmatával átitatva

cette robe transcendantale dans laquelle les socialistes allemands enveloppaient leurs tristes « vérités éternelles »

ez a transzcendentális köntös, amelybe a német szocialisták beburkolták sajnálatos "örök igazságaikat"

tout de peau et d'os, servaient à augmenter merveilleusement la vente de leurs marchandises auprès d'un public aussi

Minden bőr és csont csodálatosan növelte áruik eladását egy ilyen közönség körében

Et de son côté, le socialisme allemand reconnaissait de plus en plus sa propre vocation

És a maga részéről a német szocializmus egyre inkább felismerte saját hivatását

on l'appelait à être le représentant grandiloquent de la petite-bourgeoisie philistine

a kispolgári filiszteus bombasztikus képviselőjének hívták

Il proclamait que la nation allemande était la nation modèle, et le petit philistin allemand l'homme modèle

A német nemzetet kiáltotta ki mintanemzetnek, a német kisfiliszteust pedig mintaembernek

À chaque méchanceté de cet homme modèle, elle donnait une interprétation socialiste cachée, plus élevée

Ennek a mintaembernek minden gonosz aljasságához rejtett, magasabb, szocialista értelmezést adott

cette interprétation socialiste supérieure était l'exact contraire de son caractère réel

ez a magasabb, szocialista értelmezés éppen az ellenkezője volt valódi jellegének

Il est allé jusqu'à s'opposer directement à la tendance « brutalement destructrice » du communisme

A végletekig elment, hogy közvetlenül szembeszállt a kommunizmus "brutálisan destruktív" tendenciájával

et il proclamait son mépris suprême et impartial de toutes les luttes de classes

és kijelentette, hogy a legnagyobb mértékben és pártatlanul semmibe vesz minden osztályharcot

À de très rares exceptions près, toutes les publications dites socialistes et communistes qui circulent aujourd'hui (1847) en Allemagne appartiennent au domaine de cette littérature nauséabonde et énervante

Nagyon kevés kivételtől eltekintve az összes úgynevezett szocialista és kommunista kiadvány, amely ma (1847) Németországban kering, ennek a rossz és enervált irodalomnak a területéhez tartozik

2) Le socialisme conservateur ou le socialisme bourgeois
2) Konzervatív szocializmus vagy burzsoázia szocializmus

Une partie de la bourgeoisie est désireuse de redresser les griefs sociaux
A burzsoázia egy része a társadalmi sérelmek orvoslására törekszik
afin d'assurer la pérennité de la société bourgeoise
a burzsoázia társadalom fennmaradásának biztosítása érdekében
C'est à cette section qu'appartiennent les économistes, les philanthropes, les humanitaires
Ebbe a szekcióba tartoznak a közgazdászok, filantrópok, humanitáriusok
améliorateurs de la condition de la classe ouvrière et organisateurs de la charité
a munkásosztály helyzetének javítói és a jótékonyság szervezői
membres des sociétés de prévention de la cruauté envers les animaux
Az állatokkal szembeni kegyetlenség megelőzésére létrehozott társaságok tagjai
fanatiques de la tempérance, réformateurs de toutes sortes imaginables
A mértékletesség fanatikusai, mindenféle elképzelhető reformerek
Cette forme de socialisme a, d'ailleurs, été élaborée en systèmes complets
A szocializmusnak ezt a formáját ráadásul teljes rendszerré dolgozták ki
On peut citer la « Philosophie de la Misère » de Proudhon comme exemple de cette forme
Példaként említhetjük Proudhon "Philosophie de la Misère" című művét
La bourgeoisie socialiste veut tous les avantages des conditions sociales modernes

A szocialista burzsoázia a modern társadalmi viszonyok minden előnyét akarja

mais la bourgeoisie socialiste ne veut pas nécessairement des luttes et des dangers qui en résultent

de a szocialista burzsoázia nem feltétlenül akarja az ebből eredő harcokat és veszélyeket

Ils désirent l'état actuel de la société, sans ses éléments révolutionnaires et désintégrateurs

A társadalom fennálló állapotát akarják, leszámítva annak forradalmi és bomlasztó elemeit

c'est-à-dire qu'ils veulent une bourgeoisie sans prolétariat

más szóval, proletariátus nélküli burzsoáziát akarnak

La bourgeoisie conçoit naturellement le monde dans lequel elle est souveraine d'être la meilleure

A burzsoázia természetszerűleg úgy képzeli el azt a világot, amelyben a legjobbnak lenni a legfőbb

et le socialisme bourgeois développe cette conception confortable en divers systèmes plus ou moins complets

és a burzsoázia szocializmusa ezt a kényelmes felfogást különböző, többé-kevésbé teljes rendszerré fejleszti

ils voudraient beaucoup que le prolétariat marche droit dans la Nouvelle Jérusalem sociale

nagyon szeretnék, ha a proletariátus egyenesen a szociális Új Jeruzsálembe vonulna

Mais en réalité, elle exige du prolétariat qu'il reste dans les limites de la société existante

De valójában megköveteli, hogy a proletariátus a fennálló társadalom határain belül maradjon

ils demandent au prolétariat de se débarrasser de toutes ses idées haineuses sur la bourgeoisie

arra kérik a proletariátust, hogy vesse el a burzsoáziával kapcsolatos minden gyűlöletes eszméjüket

il y a une seconde forme plus pratique, mais moins systématique, de ce socialisme

ennek a szocializmusnak van egy második, gyakorlatiasabb, de kevésbé szisztematikus formája is

Cette forme de socialisme cherchait à déprécier tout mouvement révolutionnaire aux yeux de la classe ouvrière
A szocializmusnak ez a formája arra törekedett, hogy leértékeljen minden forradalmi mozgalmat a munkásosztály szemében
Ils soutiennent qu'aucune simple réforme politique ne pourrait leur être d'un quelconque avantage
Azzal érvelnek, hogy a puszta politikai reform semmilyen előnnyel nem járhat számukra
Seul un changement dans les conditions matérielles d'existence dans les relations économiques est bénéfique
Csak a gazdasági viszonyok anyagi létfeltételeinek megváltozása előnyös
Comme le communisme, cette forme de socialisme prône un changement des conditions matérielles d'existence
A kommunizmushoz hasonlóan a szocializmusnak ez a formája is a lét anyagi feltételeinek megváltoztatását szorgalmazza
Cependant, cette forme de socialisme ne suggère nullement l'abolition des rapports de production bourgeois
a szocializmusnak ez a formája azonban semmi esetre sem jelenti a burzsoázia termelési viszonyainak megszüntetését
l'abolition des rapports de production bourgeois ne peut se faire que par la révolution
a burzsoázia termelési viszonyainak megszüntetése csak forradalommal érhető el
Mais au lieu d'une révolution, cette forme de socialisme suggère des réformes administratives
De forradalom helyett a szocializmusnak ez a formája adminisztratív reformokat javasol
et ces réformes administratives seraient fondées sur la pérennité de ces relations
és ezek az igazgatási reformok e kapcsolatok folyamatos fennállásán alapulnának
réformes qui n'affectent en rien les rapports entre le capital et le travail

ezért olyan reformok, amelyek semmilyen tekintetben nem
érintik a tőke és a munka közötti kapcsolatokat
**au mieux, de telles réformes réduisent le coût et simplifient
le travail administratif du gouvernement bourgeois**
az ilyen reformok legjobb esetben is csökkentik a burzsoázia
kormányának költségeit és egyszerűsítik adminisztratív
munkáját
**Le socialisme bourgeois atteint une expression adéquate
lorsque, et seulement lorsque, il devient une simple figure
de style**
A burzsoá szocializmus akkor és csak akkor jut megfelelő
kifejezésre, amikor puszta beszédformává válik
Le libre-échange : au profit de la classe ouvrière
Szabad kereskedelem: a munkásosztály javára
Les devoirs protecteurs : au profit de la classe ouvrière
Védelmi feladatok: a munkásosztály javára
Réforme pénitentiaire : au profit de la classe ouvrière
Börtönreform: a munkásosztály javára
**C'est le dernier mot et le seul mot sérieux du socialisme
bourgeois**
Ez a burzsoázia szocializmusának utolsó szava és egyetlen
komolyan gondolt szava
**Elle se résume dans la phrase : la bourgeoisie est une
bourgeoisie au profit de la classe ouvrière**
Ezt a következő mondat foglalja össze: a burzsoázia
burzsoázia a munkásosztály javára

3) Socialisme et communisme utopiques critiques
3) Kritikai-utópisztikus szocializmus és kommunizmus

Nous ne nous référons pas ici à la littérature qui a toujours donné la parole aux revendications du prolétariat
Itt nem arról az irodalomról van szó, amely mindig hangot adott a proletariátus követeléseinek
cela a été présent dans toutes les grandes révolutions modernes, comme les écrits de Babeuf et d'autres
ez jelen volt minden nagy modern forradalomban, például Babeuf és mások írásaiban
Les premières tentatives directes du prolétariat pour parvenir à ses propres fins échouèrent nécessairement
A proletariátus első közvetlen kísérletei saját céljainak elérésére szükségszerűen kudarcot vallottak
Ces tentatives ont été faites dans des temps d'effervescence universelle, lorsque la société féodale était renversée
Ezeket a kísérleteket az egyetemes izgalom idején tették, amikor a feudális társadalmat megdöntötték
L'état alors peu développé du prolétariat a conduit à l'échec de ces tentatives
A proletariátus akkori fejletlen állapota vezetett e kísérletek kudarcához
et ils ont échoué en raison de l'absence des conditions économiques pour son émancipation
és kudarcot vallottak az emancipáció gazdasági feltételeinek hiánya miatt
conditions qui n'avaient pas encore été produites, et qui ne pouvaient être produites que par l'époque de la bourgeoisie
olyan állapotok, amelyeket még létre kell hozni, és amelyeket egyedül a közelgő burzsoázia korszaka hozhat létre
La littérature révolutionnaire qui accompagnait ces premiers mouvements du prolétariat avait nécessairement un caractère réactionnaire
A forradalmi irodalom, amely a proletariátus első mozgalmait kísérte, szükségszerűen reakciós jellegű volt

Cette littérature inculquait l'ascétisme universel et le nivellement social dans sa forme la plus grossière

Ez az irodalom az egyetemes aszketizmust és a társadalmi szintezést a legdurvább formájában nevelte

Les systèmes socialistes et communistes, proprement dits, naissent au début de la période sous-développée

A szocialista és kommunista rendszerek, helyesen úgynevezett, a korai, fejletlen időszakban jöttek létre

Saint-Simon, Fourier, Owen et d'autres, ont décrit la lutte entre le prolétariat et la bourgeoisie (voir section 1)

Saint-Simon, Fourier, Owen és mások leírták a proletariátus és a burzsoázia közötti harcot (lásd 1. fejezet)

Les fondateurs de ces systèmes voient, en effet, les antagonismes de classe

E rendszerek alapítói valóban látják az osztályellentéteket

Ils voient aussi l'action des éléments en décomposition, dans la forme dominante de la société

Látják a bomló elemek tevékenységét is az uralkodó társadalmi formában

Mais le prolétariat, encore à ses débuts, leur offre le spectacle d'une classe sans aucune initiative historique

De a proletariátus, amely még gyerekcipőben jár, egy történelmi kezdeményezés nélküli osztály látványát kínálja nekik

Ils voient le spectacle d'une classe sociale sans aucun mouvement politique indépendant

Egy független politikai mozgalom nélküli társadalmi osztály látványát látják

Le développement de l'antagonisme de classe va de pair avec le développement de l'industrie

Az osztályellentétek kialakulása lépést tart az ipar fejlődésével

La situation économique ne leur offre donc pas encore les conditions matérielles de l'émancipation du prolétariat

Tehát a gazdasági helyzet még nem biztosítja számukra a proletariátus felszabadításának anyagi feltételeit

Ils cherchent donc une nouvelle science sociale, de nouvelles lois sociales, qui doivent créer ces conditions
Ezért új társadalomtudományt, új társadalmi törvényeket keresnek, amelyek megteremtik ezeket a feltételeket
l'action historique, c'est céder à leur action inventive personnelle
A történelmi cselekvés az, hogy engedjenek személyes feltalálói cselekedeteiknek
Les conditions d'émancipation créées historiquement doivent céder la place à des conditions fantastiques
Az emancipáció történelmileg teremtett feltételei fantasztikus körülményeknek engednek
et l'organisation de classe graduelle et spontanée du prolétariat doit céder la place à l'organisation de la société
és a proletariátus fokozatos, spontán osztályszerveződése azt jelenti, hogy enged a társadalom szervezésének
l'organisation de la société spécialement conçue par ces inventeurs
a társadalom szervezete, amelyet ezek a feltalálók kifejezetten kitaláltak
L'histoire future se résout, à leurs yeux, dans la propagande et l'exécution pratique de leurs projets sociaux
A jövő történelme az ő szemükben a propagandában és társadalmi terveik gyakorlati megvalósításában oldódik fel
Dans l'élaboration de leurs plans, ils ont conscience de s'occuper avant tout des intérêts de la classe ouvrière
Terveik kialakításakor tudatában vannak annak, hogy elsősorban a munkásosztály érdekeit tartják szem előtt
Ce n'est que du point de vue d'être la classe la plus souffrante que le prolétariat existe pour eux
Csak abból a szempontból létezik számukra a proletariátus, hogy ők a legszenvedőbb osztály
L'état sous-développé de la lutte des classes et leur propre environnement informent leurs opinions
Az osztályharc fejletlen állapota és saját környezetük határozza meg véleményüket

Les socialistes de ce genre se considèrent comme bien supérieurs à tous les antagonismes de classe
Az ilyen szocialisták sokkal felsőbbrendűnek tartják magukat minden osztályellentétnél

Ils veulent améliorer la condition de tous les membres de la société, même celle des plus favorisés
A társadalom minden tagjának helyzetét javítani akarják, még a leghátrányosabb helyzetűekét is

Par conséquent, ils s'adressent habituellement à la société dans son ensemble, sans distinction de classe
Ezért rendszerint a társadalom egészéhez szólnak, osztálymegkülönböztetés nélkül

Bien plus, ils font appel à la société dans son ensemble de préférence à la classe dirigeante
sőt, az uralkodó osztállyal szemben a társadalom egészét szólítják meg

Pour eux, tout ce qu'il faut, c'est que les autres comprennent leur système
Számukra csak arra van szükség, hogy mások megértsék a rendszerüket

Car comment les gens peuvent-ils ne pas voir que le meilleur plan possible est le meilleur état possible de la société ?
Mert hogyan ne látnák az emberek, hogy a lehető legjobb terv a társadalom lehető legjobb állapotát szolgálja?

C'est pourquoi ils rejettent toute action politique, et surtout toute action révolutionnaire
Ezért elutasítanak minden politikai, és különösen minden forradalmi akciót

ils veulent arriver à leurs fins par des moyens pacifiques
céljaikat békés eszközökkel kívánják elérni

ils s'efforcent, par de petites expériences, qui sont nécessairement vouées à l'échec
Kis kísérletekkel próbálkoznak, amelyek szükségszerűen kudarcra vannak ítélve

et par la force de l'exemple, ils essaient d'ouvrir la voie au nouvel Évangile social

és a példa erejével igyekeznek kikövezni az utat az új szociális evangélium számára

De tels tableaux fantastiques de la société future, peints à une époque où le prolétariat est encore dans un état très sous-développé

Ilyen fantasztikus képek a jövő társadalmáról, amikor a proletariátus még mindig nagyon fejletlen állapotban van

et il n'a encore qu'une conception fantasmatique de sa propre position

És még mindig csak fantasztikus elképzelése van saját helyzetéről

Mais leurs premières aspirations instinctives correspondent aux aspirations du prolétariat

De első ösztönös sóvárgásuk megfelel a proletariátus vágyainak

L'un et l'autre aspirent à une reconstruction générale de la société

Mindketten a társadalom általános újjáépítésére vágynak

Mais ces publications socialistes et communistes contiennent aussi un élément critique

De ezek a szocialista és kommunista kiadványok kritikai elemet is tartalmaznak

Ils s'attaquent à tous les principes de la société existante

A létező társadalom minden elvét támadják

C'est pourquoi ils sont remplis des matériaux les plus précieux pour l'illumination de la classe ouvrière

Ezért tele vannak a munkásosztály felvilágosításának legértékesebb anyagaival

Ils proposent l'abolition de la distinction entre la ville et la campagne, et la famille

Azt javasolják, hogy töröljék el a város és a falu, valamint a család közötti megkülönböztetést

la suppression de l'exercice de l'industrie pour le compte des particuliers

a magánszemélyek javára végzett iparágak megszüntetése;
**et l'abolition du salariat et la proclamation de l'harmonie
sociale**
valamint a bérrendszer eltörlése és a társadalmi harmónia
hirdetése
**la transformation des fonctions de l'État en une simple
surveillance de la production**
az állami funkciók puszta termelési felügyeletté alakítása
**Toutes ces propositions ne pointent que vers la disparition
des antagonismes de classe**
Mindezek a javaslatok kizárólag az osztályellentétek
eltűnésére mutatnak rá
Les antagonismes de classe ne faisaient alors que surgir
Az osztályellentétek abban az időben még csak most jelentek
meg
**Dans ces publications, ces antagonismes de classe ne sont
reconnus que dans leurs formes les plus anciennes,
indistinctes et indéfinies**
Ezekben a kiadványokban ezeket az osztályellentéteket csak
legkorábbi, homályos és meghatározatlan formájukban
ismerik fel
Ces propositions ont donc un caractère purement utopique
Ezek a javaslatok tehát tisztán utópisztikus jellegűek
**La signification du socialisme et du communisme critiques-
utopiques est en relation inverse avec le développement
historique**
A kritikai-utópisztikus szocializmus és kommunizmus
jelentősége fordított kapcsolatban áll a történelmi fejlődéssel
**La lutte de classe moderne se développera et continuera à
prendre une forme définitive**
A modern osztályharc ki fog fejlődni és továbbra is határozott
formát ölt
**Cette réputation fantastique du concours perdra toute valeur
pratique**
Ez a fantasztikus kiállás a versenyből elveszíti minden
gyakorlati értékét

Ces attaques fantastiques contre les antagonismes de classe perdront toute justification théorique

Ezek az osztályellentétek elleni fantasztikus támadások elveszítik minden elméleti igazolásukat

Les initiateurs de ces systèmes étaient, à bien des égards, révolutionnaires

E rendszerek megalkotói sok tekintetben forradalmiak voltak

Mais leurs disciples n'ont, dans tous les cas, formé que des sectes réactionnaires

De tanítványaik minden esetben pusztán reakciós szektákat hoztak létre

Ils s'en tiennent fermement aux vues originales de leurs maîtres

Szorosan ragaszkodnak mestereik eredeti nézeteihez

Mais ces vues s'opposent au développement historique progressif du prolétariat

De ezek a nézetek ellentétben állnak a proletariátus fokozatos történelmi fejlődésével

Ils s'efforcent donc, et cela constamment, d'étouffer la lutte des classes

Ezért arra törekszenek, mégpedig következetesen, hogy eltompítsák az osztályharcot

et ils s'efforcent constamment de concilier les antagonismes de classe

és következetesen törekednek az osztályellentétek kibékítésére

Ils rêvent encore de la réalisation expérimentale de leurs utopies sociales

Még mindig társadalmi utópiáik kísérleti megvalósításáról álmodoznak

ils rêvent encore de fonder des « phalanstères » isolés et d'établir des « colonies d'origine »

még mindig arról álmodoznak, hogy elszigetelt "falansztereket" alapítanak és "otthoni kolóniákat" hoznak létre

ils rêvent de mettre en place une « Petite Icarie » – éditions duodecimo de la Nouvelle Jérusalem

arról álmodoznak, hogy létrehoznak egy "Kis Ikáriát" — az Új
Jeruzsálem duodecimo kiadásait
Et ils rêvent de réaliser tous ces châteaux dans les airs
És arról álmodoznak, hogy megvalósítják ezeket a kastélyokat
a levegőben
**Ils sont obligés de faire appel aux sentiments et aux bourses
des bourgeois**
kénytelenek a burzsoá érzéseire és pénztárcájára apellálni
**Peu à peu, ils s'enfoncent dans la catégorie des socialistes
conservateurs réactionnaires décrits ci-dessus**
Fokról fokra süllyednek a fent ábrázolt reakciós konzervatív
szocialisták kategóriájába
**ils ne diffèrent de ceux-ci que par une pédanterie plus
systématique**
Ezektől csak a szisztematikusabb pedantériában különböznek
**et ils diffèrent par leur croyance fanatique et superstitieuse
aux effets miraculeux de leur science sociale**
és abban különböznek, hogy fanatikus és babonás hitük van a
társadalomtudományuk csodás hatásaiban
**Ils s'opposent donc violemment à toute action politique de
la part de la classe ouvrière**
Ezért hevesen ellenzik a munkásosztály minden politikai
akcióját
**une telle action, selon eux, ne peut résulter que d'une
incrédulité aveugle dans le nouvel Évangile**
szerintük az ilyen cselekedet csak az új evangéliumba vetett
vak hitetlenségből eredhet
**Les owénistes en Angleterre et les fouriéristes en France
s'opposent respectivement aux chartistes et aux réformistes**
Az oweniták Angliában és a fourieristák Franciaországban
ellenzik a chartistákat és a "réformistákat"

Position des communistes par rapport aux divers partis d'opposition existants
A kommunisták helyzete a különböző létező ellenzéki pártokkal szemben

La section II a mis en évidence les relations des communistes avec les partis ouvriers existants
A II. cikkely világossá tette a kommunisták viszonyát a létező munkáspártokhoz
comme les chartistes en Angleterre et les réformateurs agraires en Amérique
mint például a chartisták Angliában és az agrárreformerek Amerikában
Les communistes luttent pour la réalisation des objectifs immédiats
A kommunisták a közvetlen célok eléréséért harcolnak
Ils luttent pour l'application des intérêts momentanés de la classe ouvrière
harcolnak a munkásosztály pillanatnyi érdekeinek érvényesítéséért
Mais dans le mouvement politique d'aujourd'hui, ils représentent et s'occupent aussi de l'avenir de ce mouvement
De a jelen politikai mozgalmában ők képviselik és gondoskodnak annak a mozgalomnak a jövőjéről is
En France, les communistes s'allient avec les social-démocrates
Franciaországban a kommunisták szövetkeznek a szociáldemokratákkal
et ils se positionnent contre la bourgeoisie conservatrice et radicale
és a konzervatív és radikális burzsoáziával szemben pozicionálják magukat
cependant, ils se réservent le droit d'adopter une position critique à l'égard des phrases et des illusions traditionnellement héritées de la grande Révolution

azonban fenntartják maguknak a jogot, hogy kritikus
álláspontot foglaljanak el a nagy forradalomból
hagyományosan ránk hagyományozott frázisokkal és
illúziókkal szemben

**En Suisse, ils soutiennent les radicaux, sans perdre de vue
que ce parti est composé d'éléments antagonistes**

Svájcban a radikálisokat támogatják, anélkül, hogy szem elől
tévesztenék azt a tényt, hogy ez a párt antagonisztikus
elemekből áll

**en partie des socialistes démocrates, au sens français du
terme, en partie de la bourgeoisie radicale**

részben francia értelemben vett demokratikus szocialistáké,
részben radikális burzsoáziáé

**En Pologne, ils soutiennent le parti qui insiste sur la
révolution agraire comme condition première de
l'émancipation nationale**

Lengyelországban azt a pártot támogatják, amely ragaszkodik
az agrárforradalomhoz, mint a nemzeti emancipáció
elsődleges feltételéhez

ce parti qui fomenta l'insurrection de Cracovie en 1846

az a párt, amely 1846-ban kirobbantotta a krakkói felkelést

**En Allemagne, ils luttent avec la bourgeoisie chaque fois
qu'elle agit de manière révolutionnaire**

Németországban harcolnak a burzsoáziával, valahányszor az
forradalmi módon cselekszik

**contre la monarchie absolue, l'escroc féodal et la petite
bourgeoisie**

az abszolút monarchia, a feudális mókusok és a kispolgárság
ellen

**Mais ils ne cessent jamais, un seul instant, inculquer à la
classe ouvrière une idée particulière**

De soha egyetlen pillanatra sem szűnnek meg egy bizonyos
eszmét csepegtetni a munkásosztályba

**la reconnaissance la plus claire possible de l'antagonisme
hostile entre la bourgeoisie et le prolétariat**

a burzsoázia és a proletariátus közötti ellenséges ellentét
lehető legvilágosabb felismerése
**afin que les ouvriers allemands puissent immédiatement
utiliser les armes dont ils disposent**
hogy a német munkások azonnal használhassák a
rendelkezésükre álló fegyvereket
**les conditions sociales et politiques que la bourgeoisie doit
nécessairement introduire en même temps que sa
suprématie**
azokat a társadalmi és politikai feltételeket, amelyeket a
burzsoáziának szükségszerűen be kell vezetnie
felsőbbrendűségével együtt
**la chute des classes réactionnaires en Allemagne est
inévitable**
a reakciós osztályok bukása Németországban elkerülhetetlen
**et alors la lutte contre la bourgeoisie elle-même peut
commencer immédiatement**
és akkor azonnal megkezdődhet a burzsoázia elleni harc
**Les communistes tournent leur attention principalement
vers l'Allemagne, parce que ce pays est à la veille d'une
révolution bourgeoise**
A kommunisták figyelme elsősorban Németországra irányul,
mert ez az ország a burzsoázia forradalmának előestéjén áll
**une révolution qui ne manquera pas de s'accomplir dans des
conditions plus avancées de la civilisation européenne**
olyan forradalom, amelyet az európai civilizáció fejlettebb
körülményei között kell végrehajtani
**Et elle ne manquera pas de se faire avec un prolétariat
beaucoup plus développé**
és ezt egy sokkal fejlettebb proletariátussal kell végrehajtani
**un prolétariat plus avancé que celui de l'Angleterre au XVIIe
siècle, et celui de la France au XVIIIe siècle**
a tizenhetedik században Angliánál, a tizennyolcadik
században pedig Franciaországnál fejlettebb proletariátus volt

et parce que la révolution bourgeoise en Allemagne ne sera
que le prélude d'une révolution prolétarienne qui suivra
immédiatement

és mert a burzsoázia forradalma Németországban csak
előjátéka lesz a közvetlenül utána következő
proletárforradalomnak

**Bref, partout les communistes soutiennent tout mouvement
révolutionnaire contre l'ordre social et politique existant**

Röviden, a kommunisták mindenütt támogatnak minden
forradalmi mozgalmat a dolgok fennálló társadalmi és
politikai rendje ellen

**Dans tous ces mouvements, ils mettent au premier plan,
comme la question maîtresse de chacun d'eux, la question de
la propriété**

Mindezekben a mozgalmakban előtérbe helyezik, mint vezető
kérdést, a tulajdonkérdést

**quel que soit son degré de développement dans ce pays à ce
moment-là**

függetlenül attól, hogy milyen fejlettségi fokú az adott
országban abban az időben

**Enfin, ils œuvrent partout pour l'union et l'accord des partis
démocratiques de tous les pays**

Végül mindenütt az összes ország demokratikus pártjainak
uniójáért és egyetértéséért dolgoznak

**Les communistes dédaignent de dissimuler leurs vues et
leurs objectifs**

A kommunisták megvetik nézeteiket és céljaikat

**Ils déclarent ouvertement que leurs fins ne peuvent être
atteintes que par le renversement par la force de toutes les
conditions sociales existantes**

Nyíltan kijelentik, hogy céljaikat csak az összes fennálló
társadalmi feltétel erőszakos megdöntésével érhetik el

**Que les classes dirigeantes tremblent devant une révolution
communiste**

Reszkessenek az uralkodó osztályok a kommunista
forradalomtól

Les prolétaires n'ont rien d'autre à perdre que leurs chaînes
A proletároknak nincs vesztenivalójuk, csak láncaik
Ils ont un monde à gagner
Van egy világuk, amit meg kell nyerniük
TRAVAILLEURS DE TOUS LES PAYS, UNISSEZ-VOUS !
MINDEN ORSZÁG DOLGOZÓI, EGYESÜLJETEK!

www.ingramcontent.com/pod-product-compliance
Lightning Source LLC
Chambersburg PA
CBHW011738020426
42333CB00024B/2938